BASSVS.

# SONETZ DE P. DE RONSARD MIS EN MVSIQVE A .IIII. PARTIES

PAR G. BONI, DE S. FLOVR EN AVVERGNE.

PREMIER LIVRE.

*A PARIS.*

*Par Adrian le Roy, & Robert Ballard.*

*Imprimeurs du Roy.*

M D.LXXVII.

Auec priuilege de sa majesté pour dix ans.

PIETATE ET
IVSTITIA

*In Ronsardi Poëmata ad numeros Bonij Musici decantata.*

*AVdierat Nemesis Græcis instare Poëtam,*
*Qui cunctorum vnus verteret in se oculos.*
*Inuidet, atq; oculis puerum te priuat Homere:*
*Sed quot lectores, tot tibi sunt oculi.*
*Audijt & Nemesis Gallis dare fata Poëtam,*
*Qui cunctorum in se verteret auriculas.*
*Inuida mox iuueni, Ronsarde, tibi obtudit aures,*
*Arte sua Bonius quas tibi restituit.*
*Nam tua dum blando modulatur carmina cantu,*
*Mille tibi auditus, mille dat auriculas.*

*Io. Auratus Poëta Regius.*

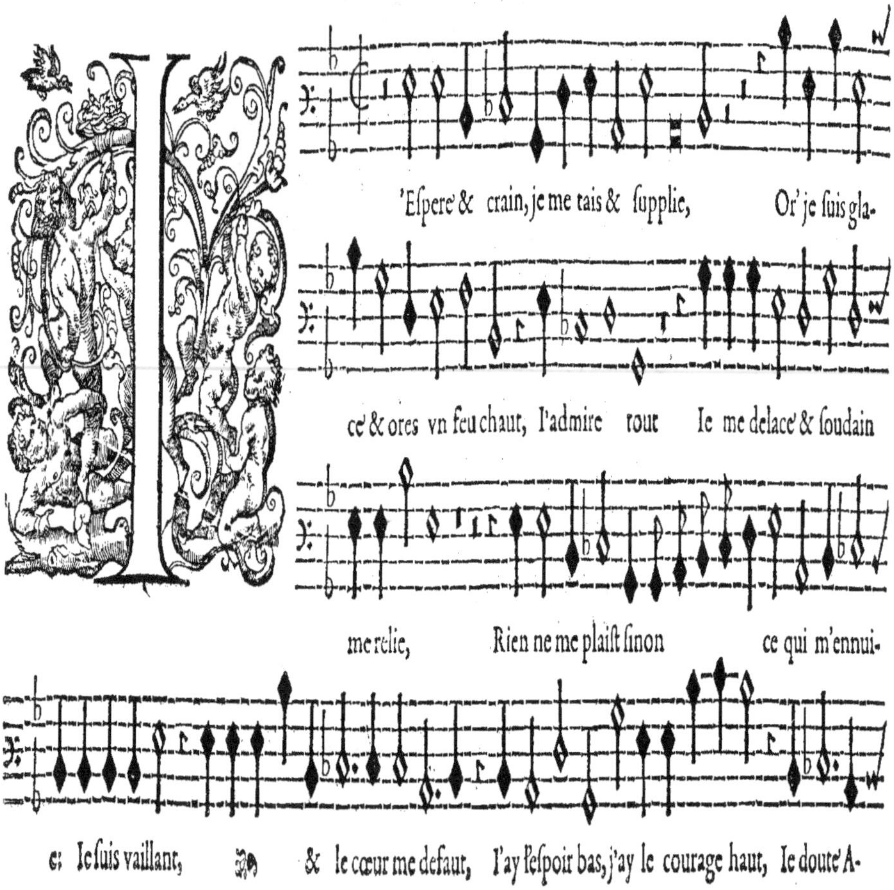

I'Eſpere & crain, je me tais & ſupplie, Or' je ſuis gla-

ce & ores vn feu chaut, l'admire rout Ie me delace & ſoudain

me relie, Rien ne me plaiſt ſinon ce qui m'ennui-

e: Ie ſuis vaillant, & le cœur me defaut, I'ay l'eſpoir bas, j'ay le courage haut, Ie doute A-

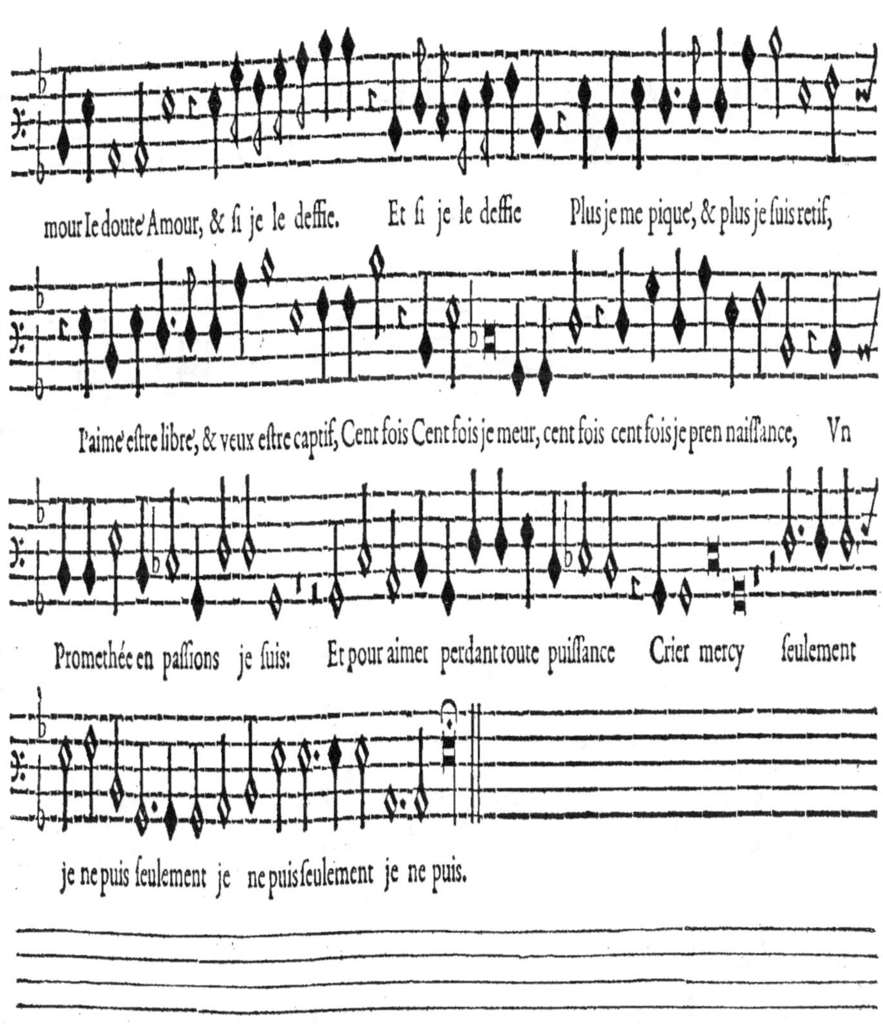
mour le doute Amour, & ſi je le deffie. Et ſi je le deffie Plus je me pique, & plus je ſuis retif,
l'aime eſtre libre, & veux eſtre captif, Cent fois Cent fois je meur, cent fois cent fois je pren naiſſance, Vn
Promethée en paſſions je ſuis: Et pour aimer perdant toute puiſſance Crier mercy ſeulement
je ne puis ſeulement je ne puis ſeulement je ne puis.

Our eſtre en vain tes beaux ſoleils aimāt, Nō pour rauir leur diuine étincelle,
En lieu d'vn aigle, vn ſoin horriblemēt, Claquāt du bec, & tremouſſant de l'æſle,
Contre le roc de ta rigueur cruelle Amour m'atache à mille clous d'aimant.
Ronge goulu ma poitrine immortelle, Par vn deſir qui naiſt journellemant.
Mais de cēt maux, & de cēt que j'endure, Fiché, cloüé, deſſus la rigueur dure, Le plus cruel me ſeroit le
plus dous, Si j'eſperois apres vn long eſpace, Venir vers moy l'Hercule de ta gra-
ce, Pour delacer le moīdre de mes nouds, Pour delacer le moindre de mes nouds.

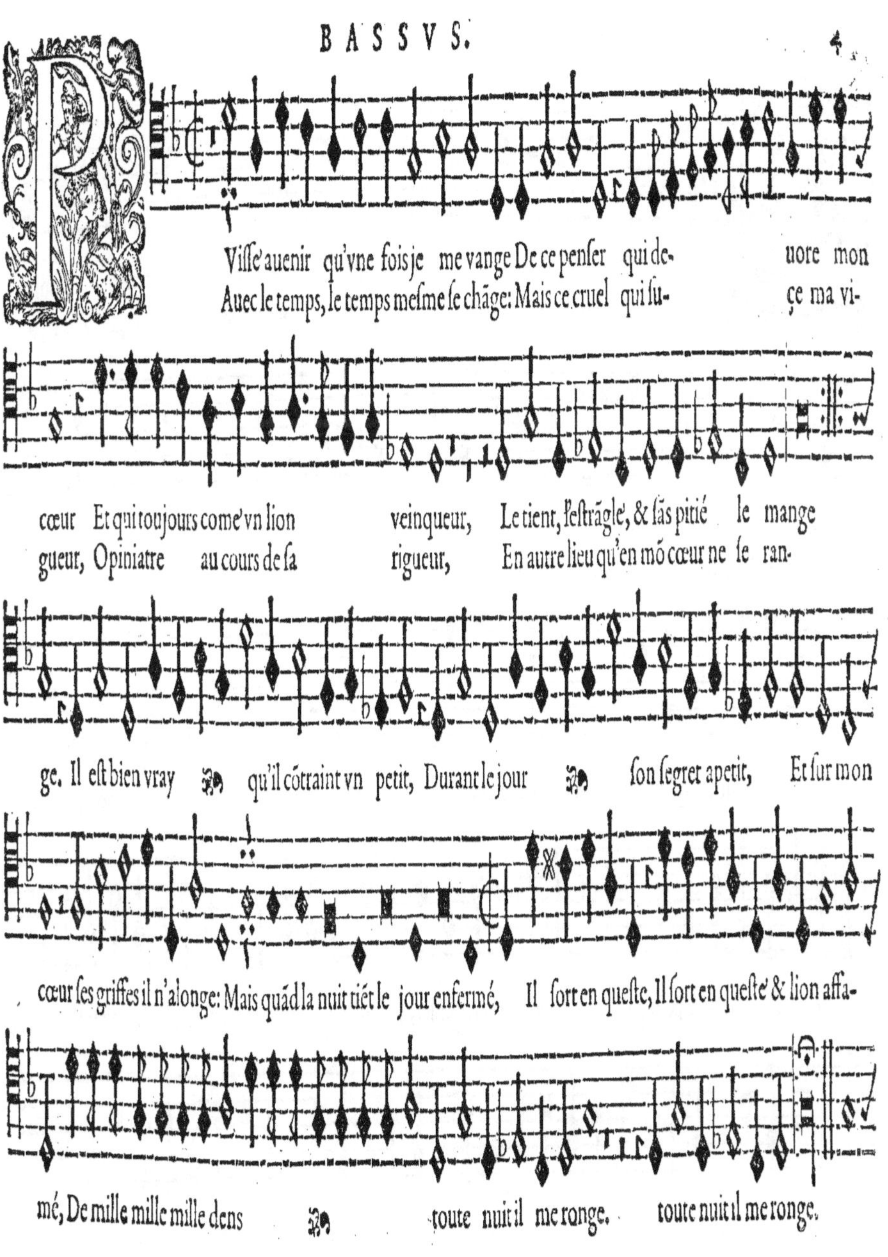
P
Visse'auenir qu'vne fois je me vange De ce penser qui de- uore mon
Auec le temps, le temps mesme se chãge: Mais ce cruel qui su- çe ma vi-
cœur Et qui toujours come'vn lion veinqueur, Le tient, l'estrãgle', & sãs pitié le mange
gueur, Opiniatre au cours de sa rigueur, En autre lieu qu'en mõ cœur ne se ran-
ge. Il est bien vray qu'il cõtraint vn petit, Durant le jour son segret apetit, Et sur mon
cœur ses griffes il n'alonge: Mais quãd la nuit tiẽt le jour enfermé, Il sort en queste, Il sort en queste' & lion affa-
mé, De mille mille mille dens toute nuit il me ronge. toute nuit il me ronge.

E beau coral, ce marbre qui soupire, Et cest ébeſne ornement du ſourcy,
Es diamans, ces rubis, qu'vn zephire Tient animez d'vn ſoupir adoucy,
Et cest albaſtre en voute racourcy, Et ces zaphirs, ce jaſpe & ce porphyre: re.
Et ces œilleis, & ces roſes auſſy, Et ce fin or, où l'or meſme ſe mi-
Me ſont au cœur en
ſi pfond eſmoy, Qu'vn autre objet ne ſe preſente à moy, Sinon, Belleau, leur beauté que j'honore. Et
le plaiſir qui ne ſe peut paſſer De les ſonger, penſer, & repenſer, Songer, penſer, & repenſer enco-
re. Songer, penſer, & repenſer encore. Songer, penſer & repenſer encore.

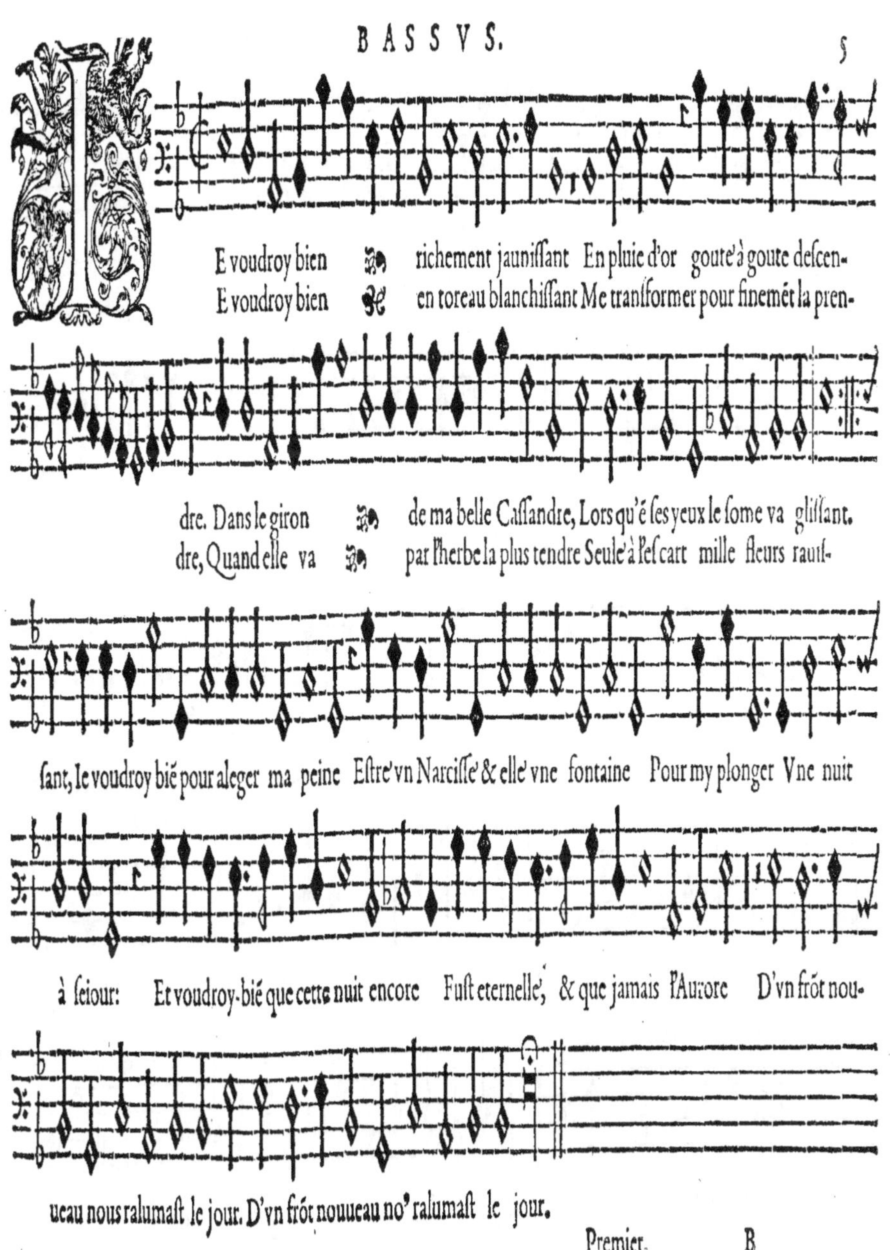
E voudroy bien richement jaunissant En pluie d'or goute à goute descen-
E voudroy bien en toreau blanchissant Me transformer pour finemét la pren-
dre. Dans le giron de ma belle Cassandre, Lors qu'é ses yeux le some va glissant.
dre, Quand elle va par l'herbe la plus tendre Seule à l'escart mille fleurs rauis-
sant, Ie voudroy bié pour aleger ma peine Estre vn Narcisse & elle vne fontaine Pour my plonger Vne nuit
à seiour: Et voudroy bié que cette nuit encore Fust eternelle, & que jamais l'Aurore D'vn frót nou-
ueau nous ralumast le jour. D'vn frót noueau no' ralumast le jour.

Ha bel acueil, q̃ ta douce parolle Vint traitremẽt ma jeunesse offẽser Quãd au p̃mier tu la me-
Amour adõc me mit à son écolle, Ayãt pour maistre vn peu-sage pẽser Qui sãs sejour me mena
nas dancer, Dãs le verger, l'amoureuse carolle.
cõmencer Le chapel et de la dance plus folle.
Depuis cinq ans dedãs ce beau verger, Ie vay balant
Ie vay balant auecque faux dãger, Sous la chanson Sous la chan son
d'Allegez-moy Madame: Le tabourin se nomme fol plaisir La flute erreur le rebec vain de-
sir, Et les cinq pas, Et les cinq pas la perte de mon ame la perte de mon ame,

As! pleust à Dieu, n'auoir jamais tasté n'auoir jamais tasté Si follement
Cõme vn poisson pour sestre trop haté. pour s'estre trop haté, par vn apast
Si follement le tetin de m'amie! Sans ce malheur l'autre plꝰ grãde enui-
par vn apast suit la fin de sa vie, Ainsi je vays, ou la mort me conui-
e, Iamais, helas! ne m'eust le cœur tanté té. Qui eust pensé, que le cruel destin Eust enfermé sous vn si beau te-
e, D'un beau tetin doucemãt apa-
tin Vn si grãd feu, pour m'en faire la proie? Auisez donc quel seroit le coucher Entre ses bras, puis qu'vn sim-
ple toucher De mile mors sans jouir me foudroïe.

Es ſoupirs Mes ſoupirs mes amys vous m'eſtes agreables, D'autant que
voꝰ ſortez pour vn lieu qui le vaut: Ie porte dans le cœur des flames
incurables, Le feu pourtant m'agrée & du mal ne me chaut Au-
tant me plaiſt ſentir le froid comme le chaut, Plaiſir & deſplaiſir me ſōt biens incroiables, Bien-heureux je m'e-
ſtime aymãt en lieu ſi haut, Et ſi veux eſtre mis. Et. au rang des miſerables au rang des miſe-

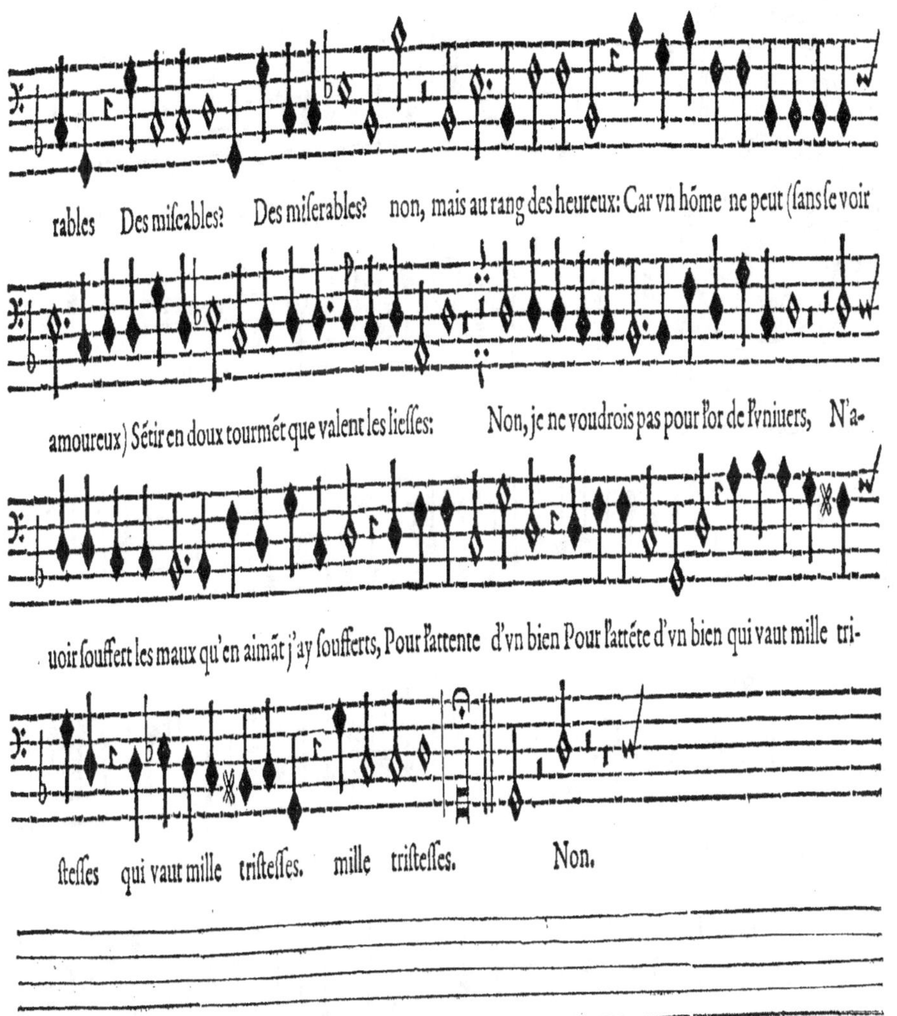
rables Des miſcables? Des miſerables? non, mais au rang des heureux: Car vn hõme ne peut (ſans ſe voir
amoureux) Sẽtir en doux tourmẽt que valent les lieſſes: Non, je ne voudrois pas pour l'or de l'vniuers, N'a-
uoir ſouffert les maux qu'en aimãt j'ay ſoufferts, Pour l'attente d'vn bien Pour l'attẽte d'vn bien qui vaut mille triſteſſes qui vaut mille triſteſſes. mille triſteſſes. Non.

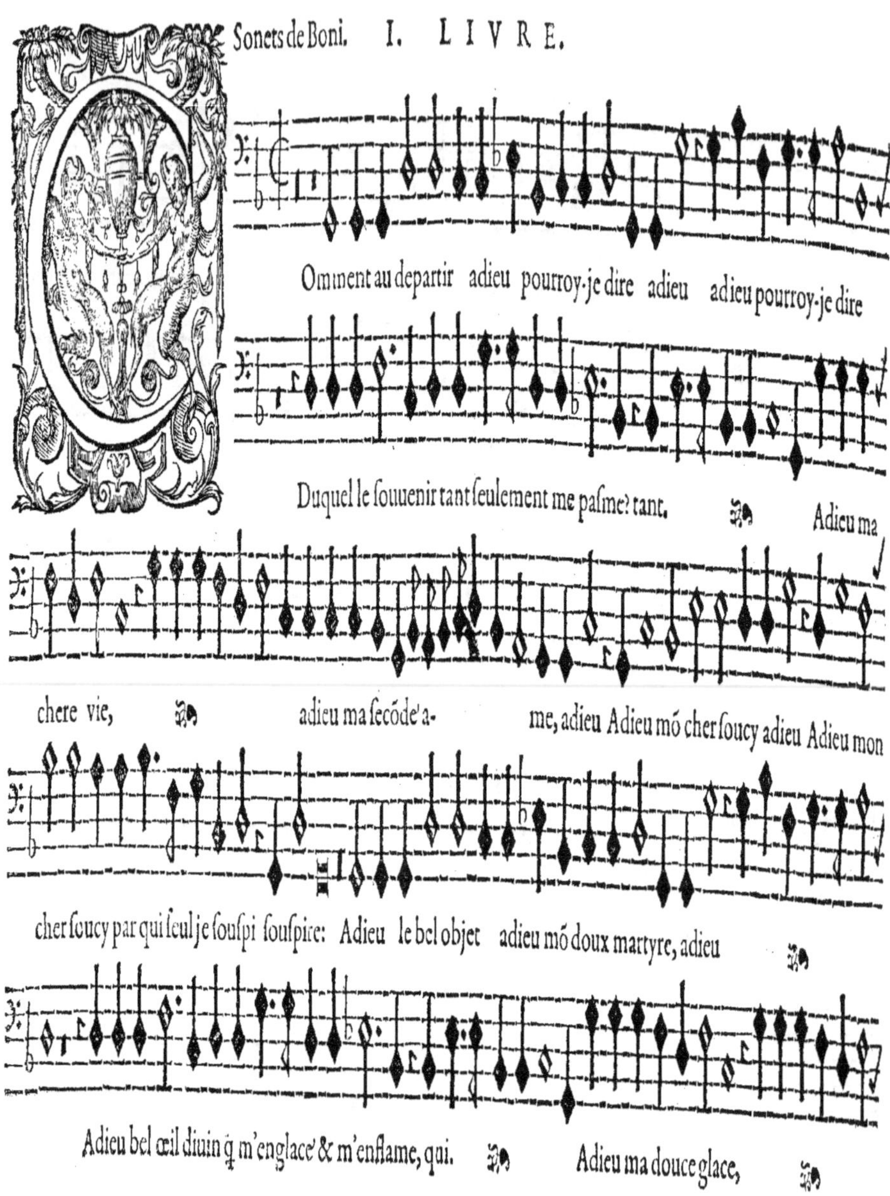
Omment au departir adieu pourroy-je dire adieu adieu pourroy-je dire
Duquel le souuenir tant seulement me pasme? tant.
Adieu ma chere vie, adieu ma secõde a-me, adieu Adieu mõ cher soucy adieu Adieu mon
cher soucy par qui seul je souspi souspire: Adieu le bel objet adieu mõ doux martyre, adieu
Adieu bel œil diuin q̃ m'englace & m'enflame, qui.
Adieu ma douce glace,

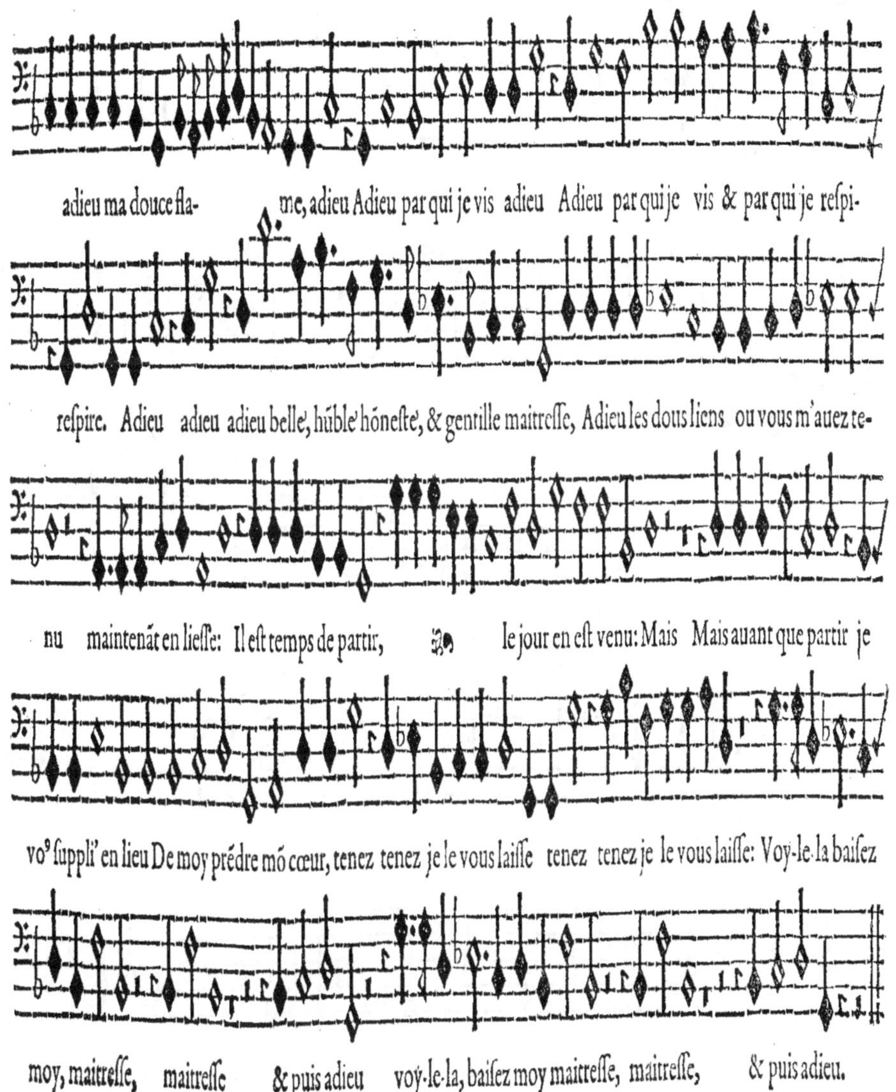
adieu ma douce fla- me, adieu Adieu par qui je vis adieu Adieu par qui je vis & par qui je reſpi-
reſpire. Adieu adieu adieu belle, hũble hõneſte, & gentille maitreſſe, Adieu les dous liens ou vous m'auez te-
nu maintenãt en lieſſe: Il eſt temps de partir, le jour en eſt venu: Mais Mais auant que partir je
voꝰ ſuppli' en lieu De moy prẽdre mõ cœur, tenez tenez je le vous laiſſe tenez tenez je le vous laiſſe: Voy-le-la baiſez
moy, maitreſſe, maitreſſe & puis adieu voy-le-la, baiſez moy maitreſſe, maitreſſe, & puis adieu.

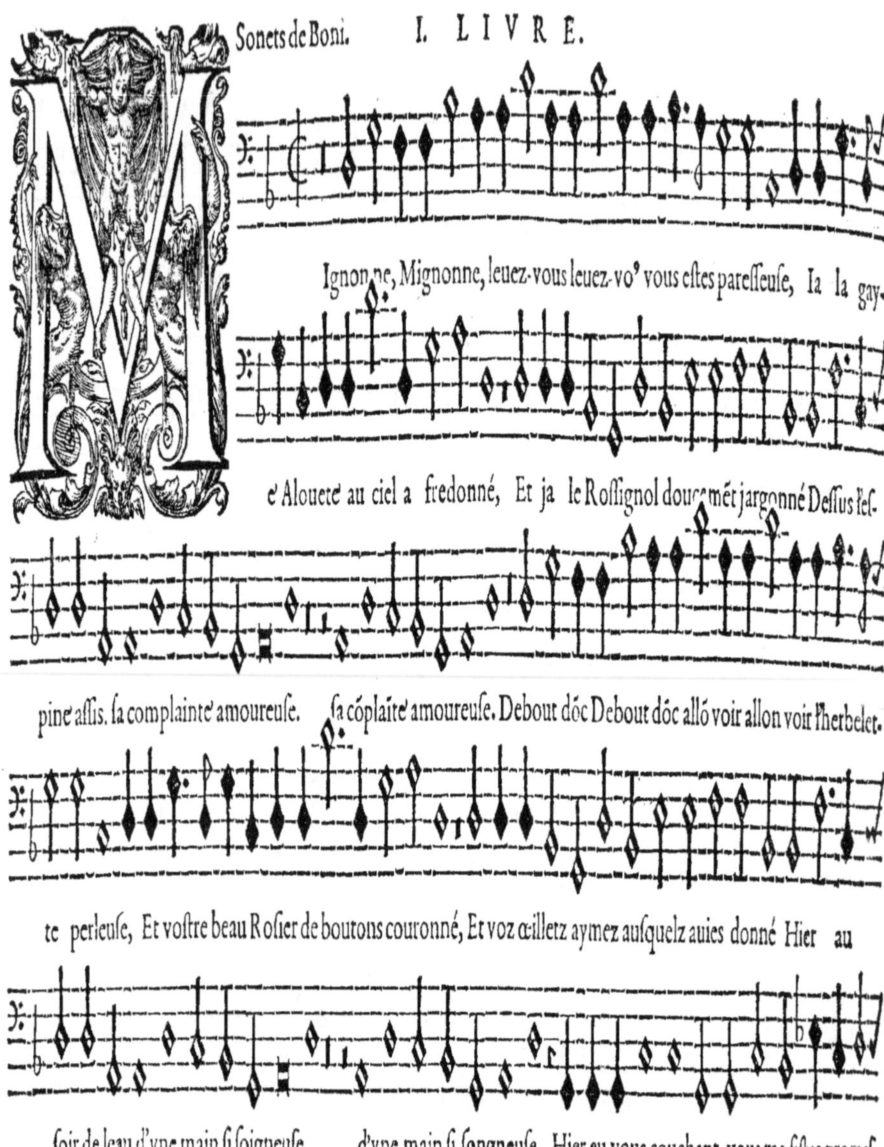
Ignonne, Mignonne, leuez-vous leuez-vo' vous estes paresseuse, Ia la gay-
e Alouete au ciel a fredonné, Et ja le Rossignol doucemét jargonné Dessus l'es-
pine assis. sa complainte amoureuse. sa cóplaite amoureuse. Debout dóc Debout dóc alló voir allon voir l'herbelet-
te perleuse, Et vostre beau Rosier de boutons couronné, Et voz œilletz aymez ausquelz auies donné Hier au
soir de leau d'vne main si soigneuse d'vne main si songneuse. Hier eu vous couchant, vous me fistes promes-

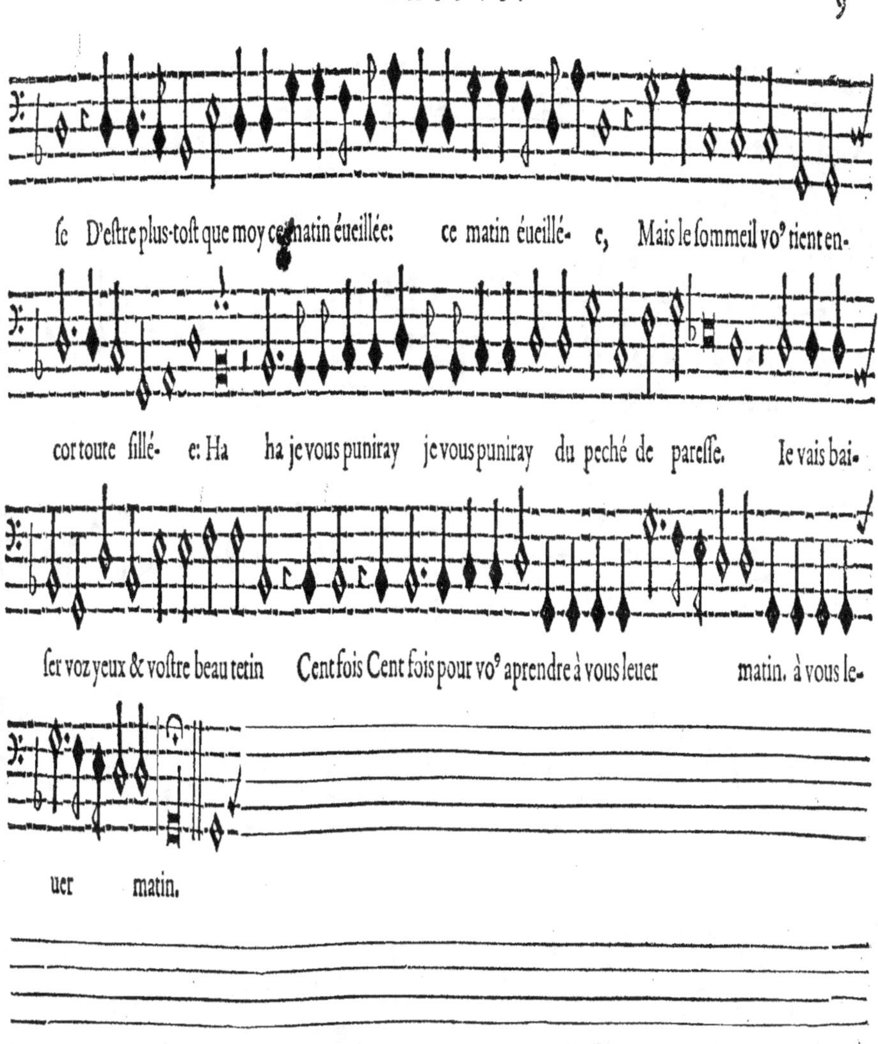
se D'estre plus-tost que moy ce matin éueillée: ce matin éueillé- e, Mais le sommeil vo⁹ tient en-
cor toute fillé- e: Ha ha je vous puniray je vous puniray du peché de paresse. Ie vais baiser voz yeux & vostre beau tetin Cent fois Cent fois pour vo⁹ aprendre à vous leuer matin. à vous leuer matin.

Q
vand je vous voy ma gentille maistres- se Quand je vous
voy ma gentille maitresse, Ie deuiens, fol, sourd muet, sourd,
muet, & sans ame, Dedans mon sein mon pauure cœur se pas-
me Entre-surpris de joye & de tristesse. Par tout mō chef le poil rebours se dres- se, Par tout mon
chef le poil rebours se dresse, De glace froide vne fieure m'enflame Veines & nerfs, en tel estat, mada-

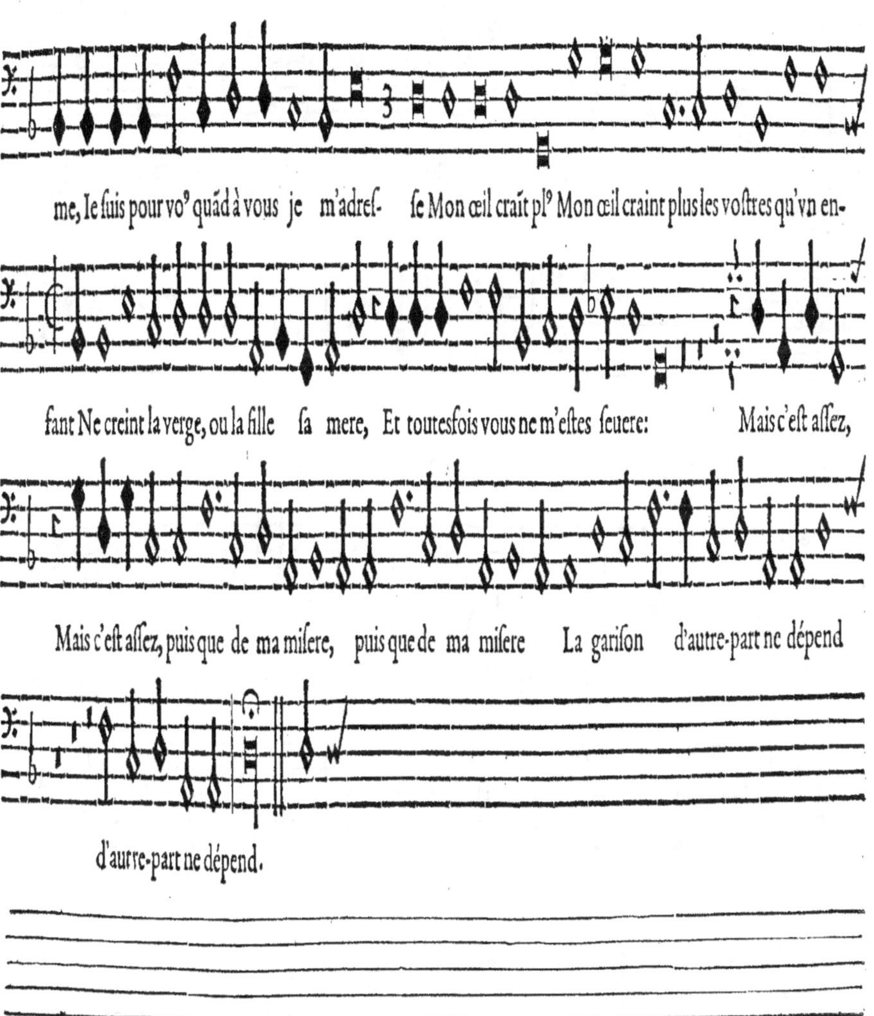
me, Ie ſuis pour vo⁹ quãd à vous je m'adreſ- ſe Mon œil craĩt pl⁹ Mon œil craint plus les voſtres qu'vn en-
fant Ne creint la verge, ou la fille ſa mere, Et toutesfois vous ne m'eſtes ſeuere: Mais c'eſt aſſez,
Mais c'eſt aſſez, puis que de ma miſere, puis que de ma miſere La gariſon d'autre-part ne dépend
d'autre-part ne dépend.

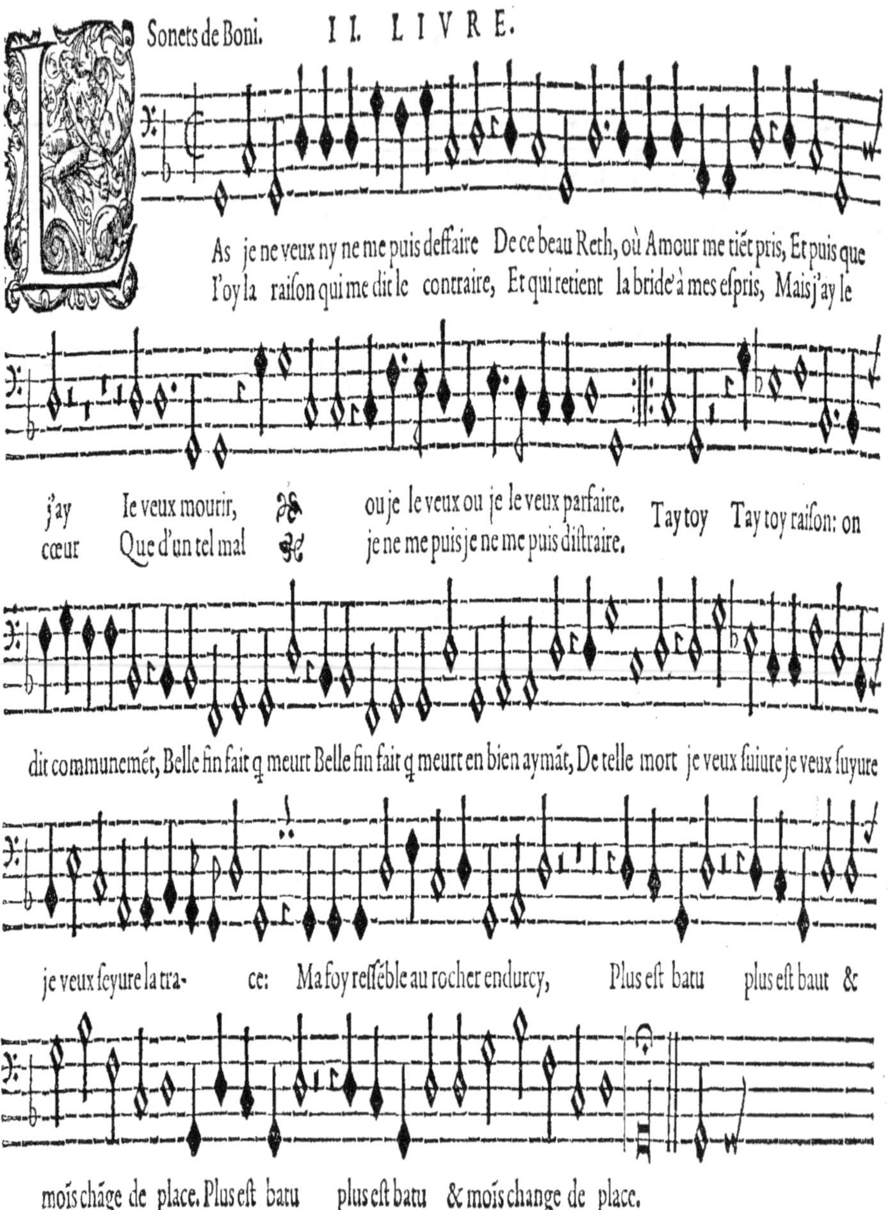
L
As je ne veux ny ne me puis deffaire De ce beau Reth, où Amour me tiẽt pris, Et puis que
l'oy la raison qui me dit le contraire, Et qui retient la bride à mes espris, Mais j'ay le
j'ay Ie veux mourir, ou je le veux ou je le veux parfaire. Tay toy Tay toy raison: on
cœur Que d'un tel mal je ne me puis je ne me puis distraire.
dit communemẽt, Belle fin fait q meurt Belle fin fait q meurt en bien aymãt, De telle mort je veux suiure je veux suyure
je veux seyure la tra- ce: Ma foy ressẽble au rocher endurcy, Plus est batu plus est baut &
moĩs chãge de place. Plus est batu plus est batu & moĩs change de place.

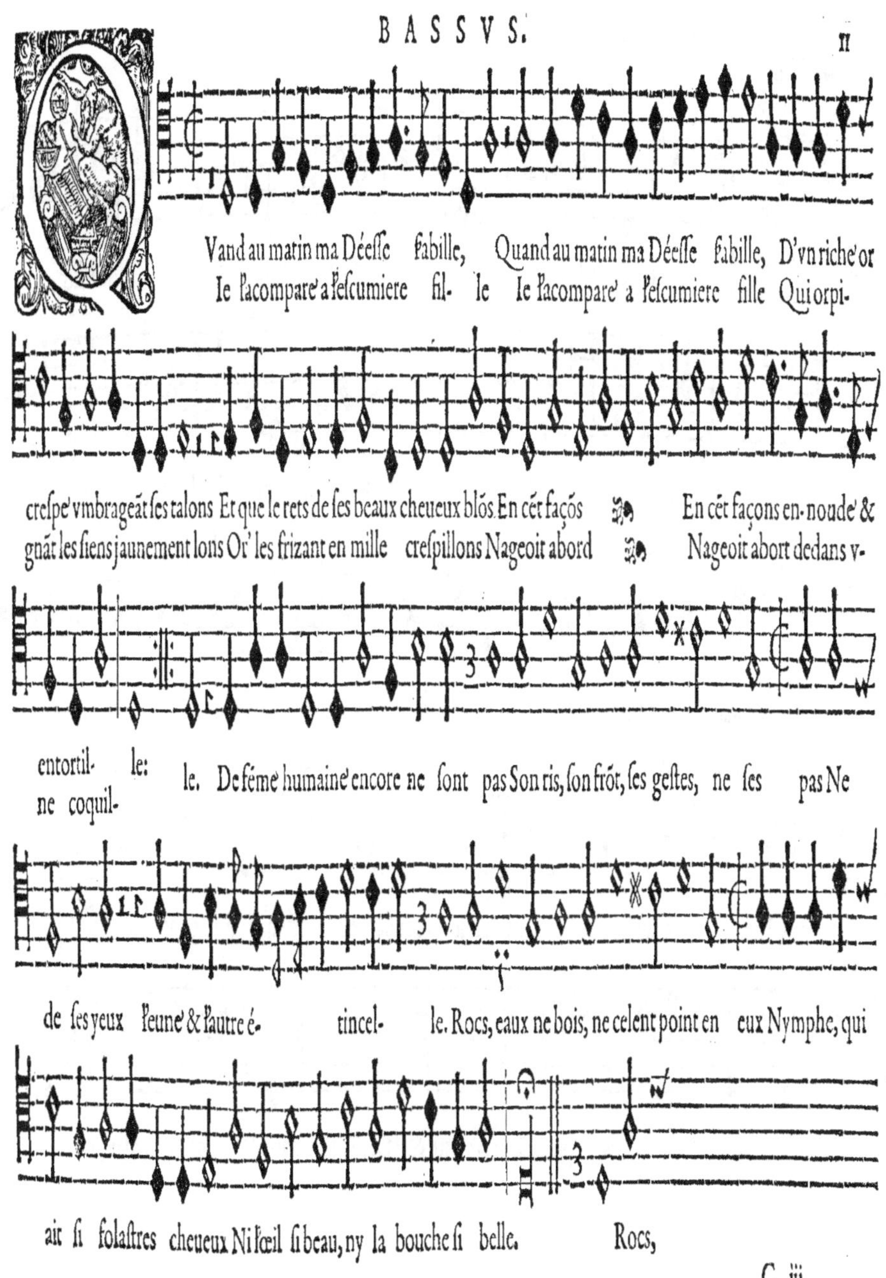
Vand au matin ma Déeſſe s'habille, Quand au matin ma Déeſſe s'habille, D'vn riche or
Ie l'acompare à l'eſcumiere fil- le Ie l'acompare à l'eſcumiere fille Qui orpi-
creſpe vmbrageāt ſes talons Et que le rets de ſes beaux cheueux blōs En cēt faços En cēt façons en-noude &
gnāt les ſiens jaunement lons Or les frizant en mille creſpillons Nageoit abord Nageoit abort dedans v-
entortil- le: le. De féme humaine encore ne ſont pas Son ris, ſon frōt, ſes geſtes, ne ſes pas Ne
ne coquil-
de ſes yeux l'eune & l'autre é- tincel- le. Rocs, eaux ne bois, ne celent point en eux Nymphe, qui
ait ſi folaſtres cheueux Ni l'œil ſi beau, ny la bouche ſi belle. Rocs,

Vād au premier la dame que j'adore, De ces beautez vīt ébellir les cieux, Le fils de Rhée appella
to' les Dieux, Pour faire delle encore vne Pandore Lors Apollon richement la decore, Or' de ſes rais luy façonnant les
yeuz, Or' luy donnāt ſō chant melodieux, Or' ſon oracle & ſes beaux vers encore. Mars luy dōna ſa fiere cruauté, Ve-
nus ſon ris, Dione ſa beauté Pithon ſa voix Ceres ſon abondance. L'Aube ſes doits, & ſes crins deliés,
Amour ſon arc, Thetis donna ſes piés Clion ſa gloire & Pallas ſa prudance. & Pallas ſa prudance.

L
Ors que mon œil pour t'œillader ſamuſe, Le tien habille'à ſes traits décocher Par ſa vertu
mé pierre'en vn rocher, Cõme'vn regard d'vne'horrible Meduſe. Moy dõc rocher, ſi dextrement je n'vſe L'outil des
Sœurs pour ta gloire'eſbaucher, Qu'ũ ſeul Tuſcã eſt digne de toucher, Nõ le chãgé, mais le chãgeur accuſe Las! Las! qu'ay-je
dit? Dans vn roc emmuré, En te blâmant je ne ſuis aſſeuré, Tant jay grãd peur des flames de ton ire, Et que mon
chef par le feu de tes yeux Soit diffamé, cõme les mõts d'Epire, Sont diffamez par les flames des cieux. Et.

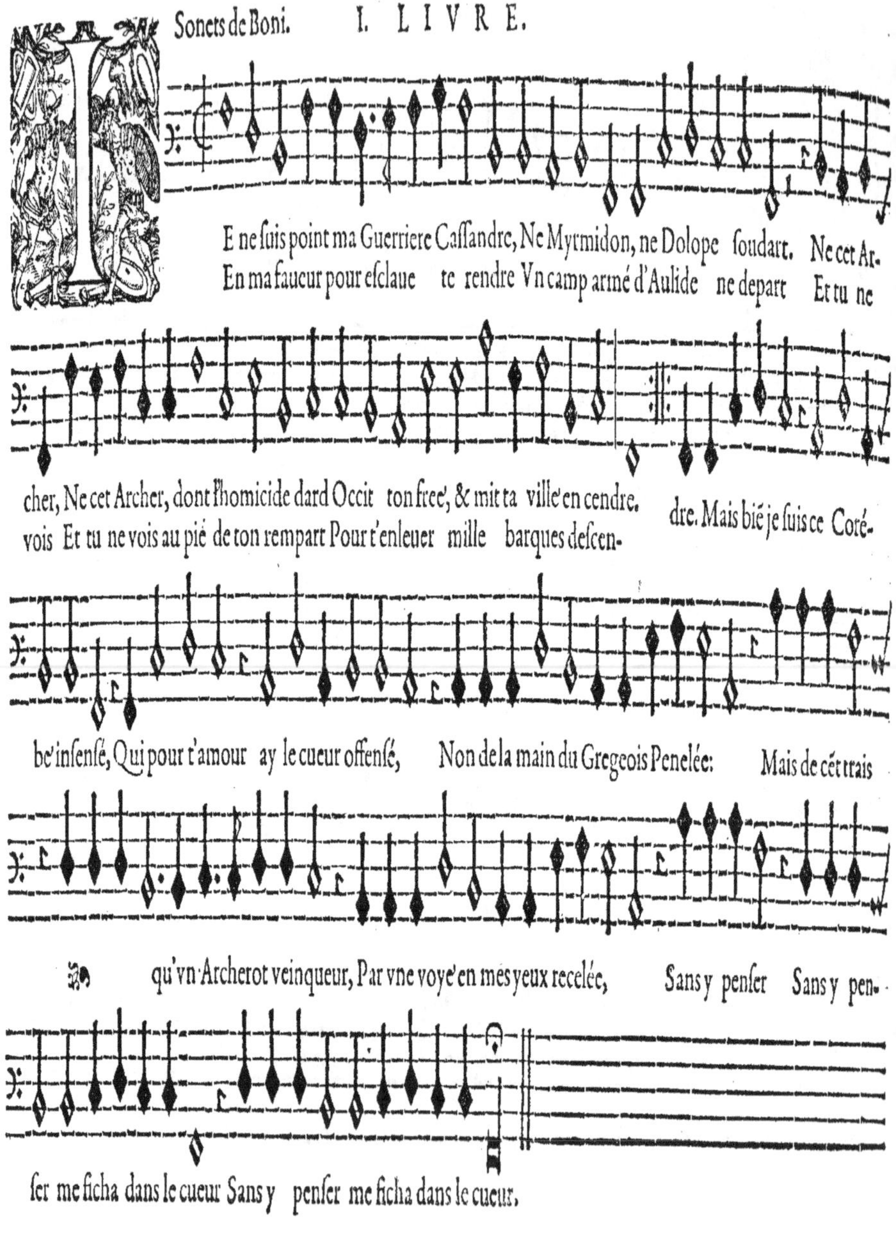
I
E ne suis point ma Guerriere Cassandre, Ne Myrmidon, ne Dolope soudart. Ne cet Ar-
En ma faueur pour esclaue te rendre Vn camp armé d'Aulide ne depart Et tu ne
cher, Ne cet Archer, dont l'homicide dard Occit ton frere, & mit ta ville en cendre.
vois Et tu ne vois au pié de ton rempart Pour t'enleuer mille barques descen-
dre. Mais bié je suis ce Coré-
be insensé, Qui pour t'amour ay le cueur offensé, Non de la main du Gregeois Penelée: Mais de cét trais
qu'vn Archerot veinqueur, Par vne voye en mes yeux recelée, Sans y penser Sans y penser me ficha dans le cueur Sans y penser me ficha dans le cueur.

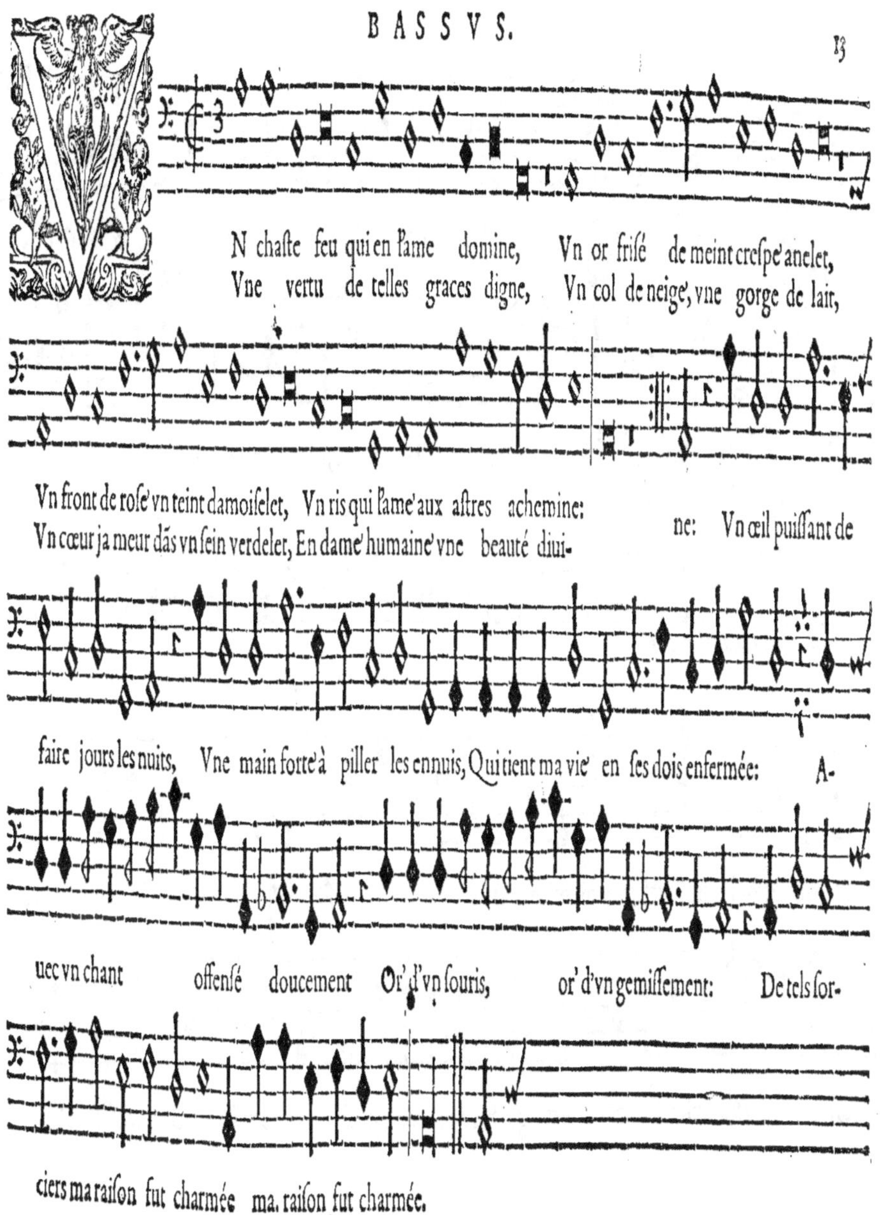
VN chaste feu qui en l'ame domine, Vn or frisé de meint crespe anelet,
Vne vertu de telles graces digne, Vn col de neige, vne gorge de lait,
Vn front de rose vn teint damoiselet, Vn ris qui l'ame aux astres achemine:
Vn cœur ja meur dãs vn sein verdelet, En dame humaine vne beauté diuine: Vn œil puissant de
faire jours les nuits, Vne main forte à piller les ennuis, Qui tient ma vie en ses dois enfermée: A-
uec vn chant offensé doucement Or' d'vn souris, or' d'vn gemissement: De tels sor-
ciers ma raison fut charmée ma. raison fut charmée.

Trais fichés jusqu'au fond de mon ame, O folle folle O folle
folle emprise, folle emprise, ô pensers repensez O vainement O vainement mes jeunes ans passez O miel, ô fiel, dont me repaist Madame.
O chaut, ô froid, qui m'englace & m'enflame, O prompts O prōpts desirs d'esperance cassez, O douce erreur, ô pas en vain trassez, O mons ô rocs que ma douleur entame, O Terre ô Mer, chaos, destins & Cieux O

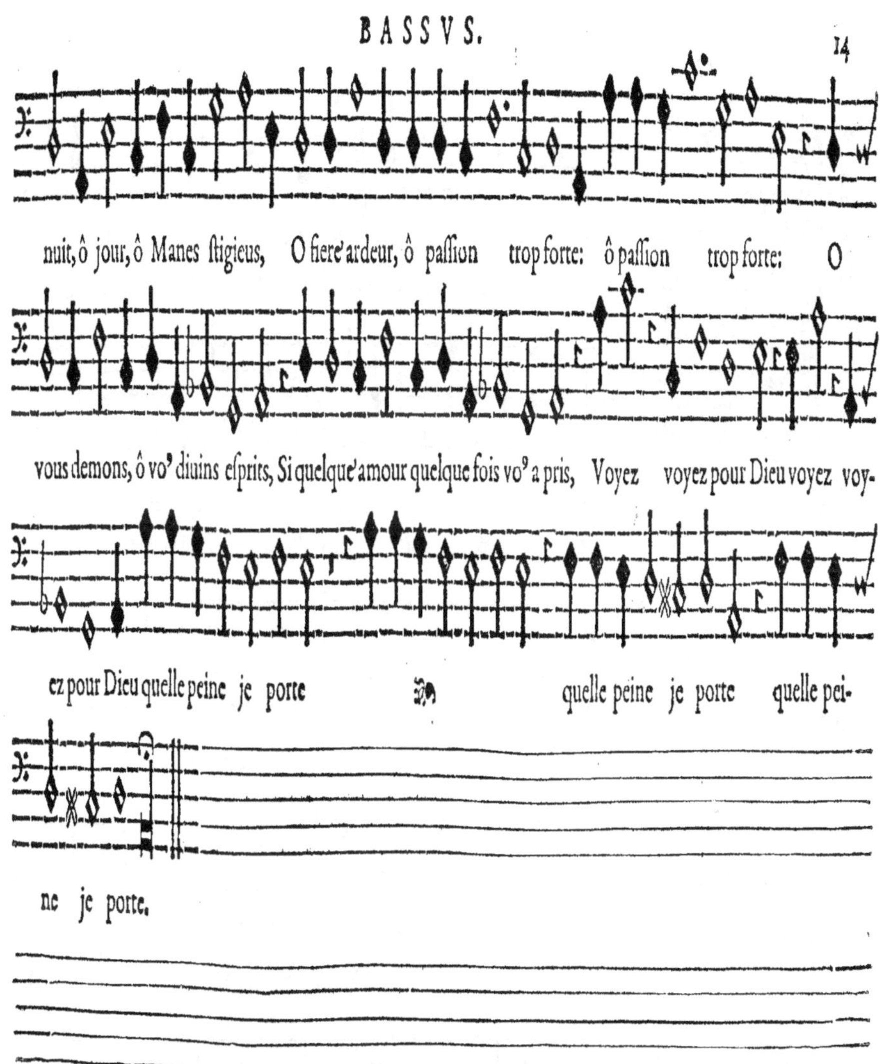
nuit, ô jour, ô Manes stigieus, O fiere'ardeur, ô passion trop forte: ô passion trop forte: O
vous demons, ô vo' diuins esprits, Si quelque'amour quelque fois vo' a pris, Voyez voyez pour Dieu voyez voyez pour Dieu quelle peine je porte quelle peine je porte quelle pei-
ne je porte.

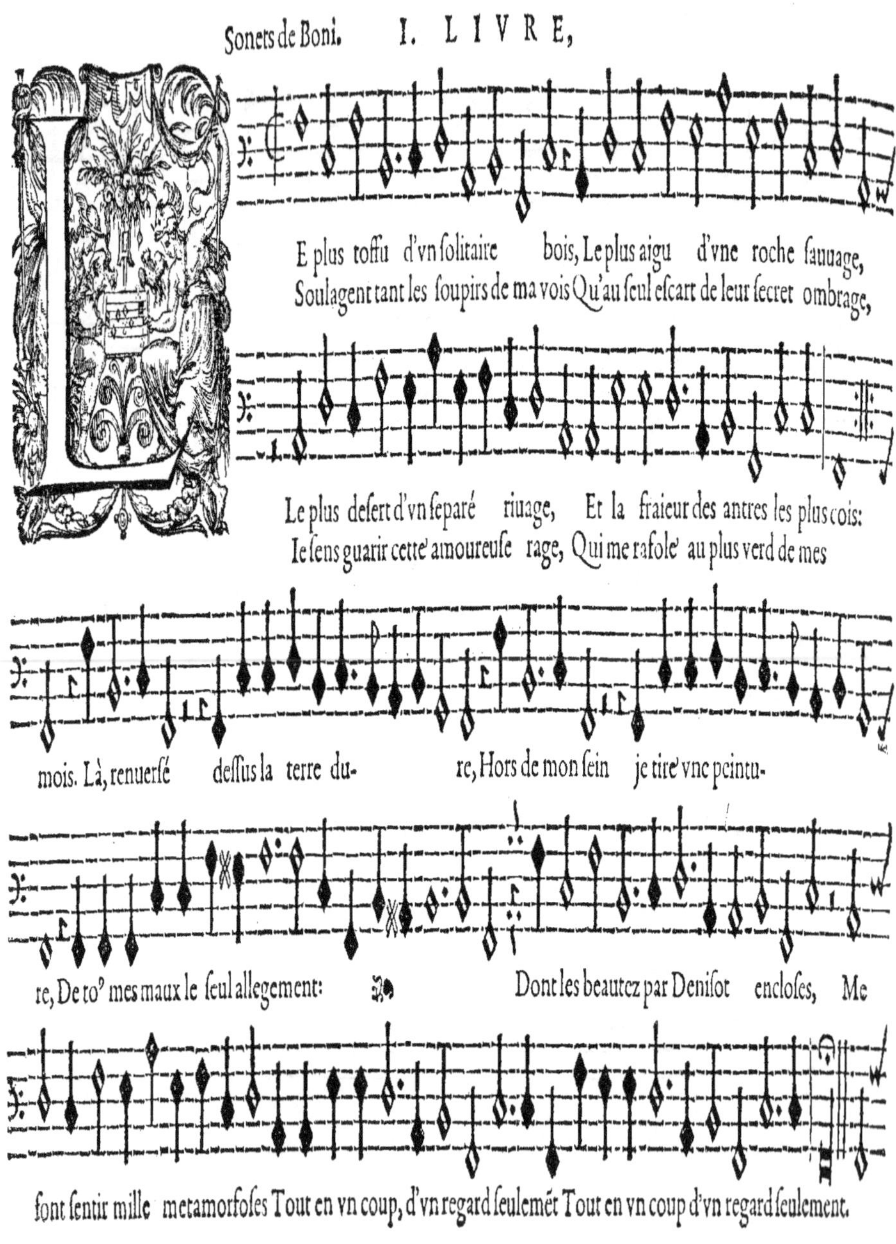
E plus toffu d'vn ſolitaire bois, Le plus aigu d'vne roche ſauuage,
Soulagent tant les ſoupirs de ma vois Qu'au ſeul eſcart de leur ſecret ombrage,
Le plus deſert d'vn ſeparé riuage, Et la fraieur des antres les plus cois:
Ie ſens guarir cette' amoureuſe rage, Qui me rafole' au plus verd de mes
mois. Là, renuerſé deſſus la terre du- re, Hors de mon ſein je tire' vne peintu-
re, De to' mes maux le ſeul allegement: Dont les beautez par Deniſot encloſes, Me
ſont ſentir mille metamorfoſes Tout en vn coup, d'vn regard ſeulemẽt Tout en vn coup d'vn regard ſeulement.

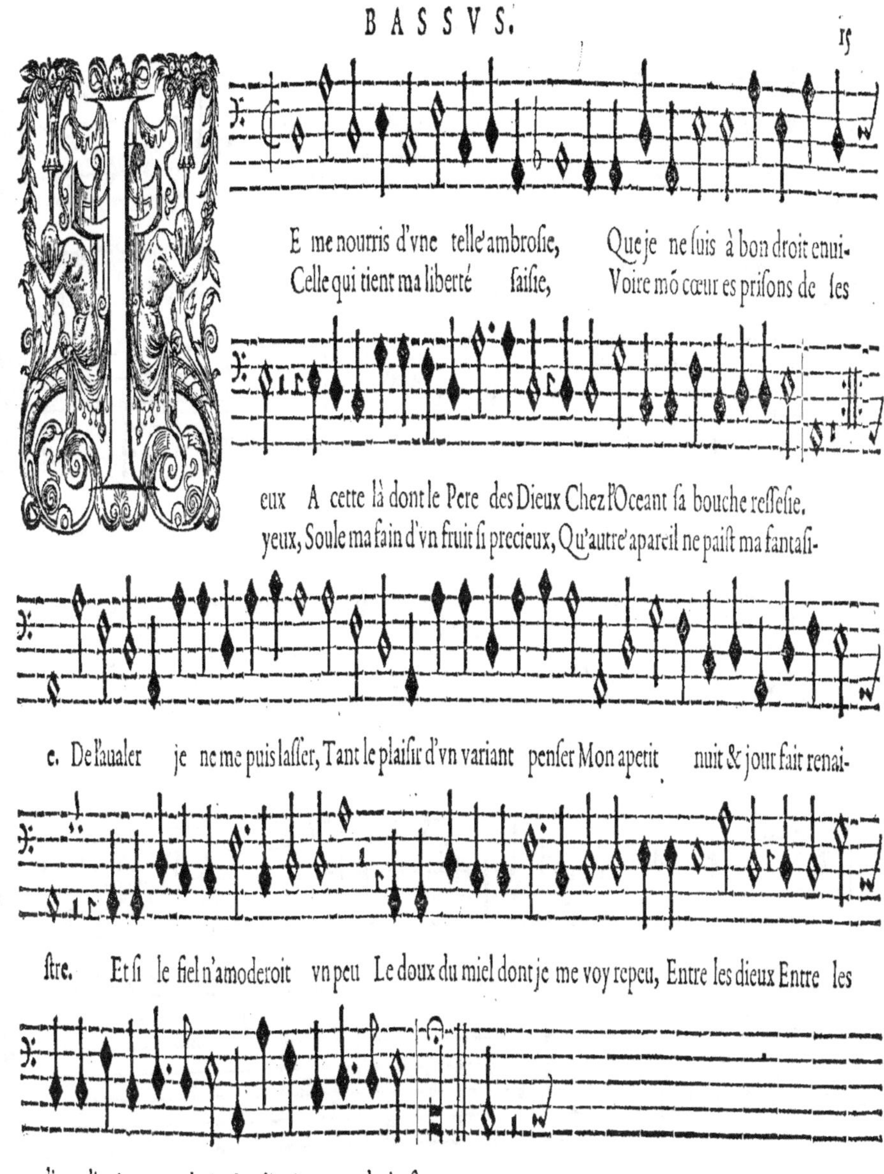
E me nourris d'vne telle'ambrosie, Que je ne suis à bon droit enui-
Celle qui tient ma liberté saisie, Voire mō cœur es prisons de ses
eux A cette là dont le Pere des Dieux Chez l'Ocean sa bouche ressesie.
yeux, Soule ma fain d'vn fruit si precieux, Qu'autre'apareil ne paist ma fantasi-
e. De l'aualer je ne me puis lasser, Tant le plaisir d'vn variant penser Mon apetit nuit & jour fait renai-
stre. Et si le fiel n'amoderoit vn peu Le doux du miel dont je me voy repeu, Entre les dieux Entre les
dieux dieu je ne voudrois estre dieu je ne voudrois estre.

N
I les dédains d'vne Nymfe ſi belle, Ni le plaiſir de me fondre en langueur
I le penſer de trop penſer en elle, Ni de mes yeux la fatale liqueur,
Ni la fierté de ſa douce rigueur Ni cõtre amour ſa chaſteté rebelle:
Ni mes ſoupirs meſſagers de mõ cœur, Ni de ſa glace vne ardeur eternel-
le: Ni le deſir qui me lime & me
mord, Ni voir ecrite en ma face la mord, Ni les erreurs d'vne longue complainte, d'vne longue complainte, Ne briſe-
ront mon cœur de diamant Que ſa beauté Que ſa beauté n'y ſoit touſiours empraínte: Belle fin fait
qui meurt q̃ meurt en bien aimant qui meurt en bien aimant. Bel.

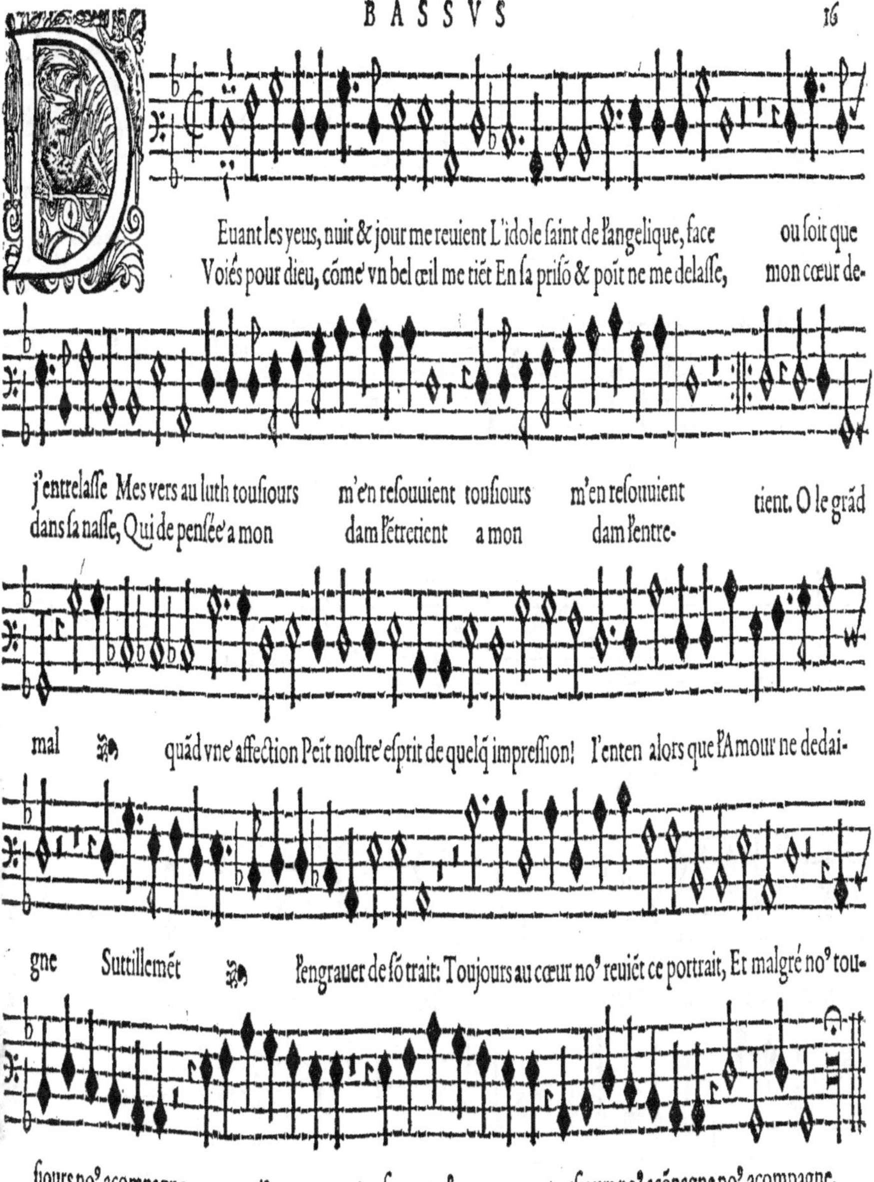
D
Euant les yeus, nuit & jour me reuient L'idole ſaint de l'angelique, face ou ſoit que
Voiés pour dieu, cõme vn bel œil me tiẽt En ſa priſõ & poĩt ne me delaſſe, mon cœur de-
j'entrelaſſe Mes vers au luth touſiours m'en reſouuient touſiours m'en reſouuient tient. O le grãd
dans ſa naſſe, Qui de penſée a mon dam l'étretient a mon dam l'entre-
mal quãd vne affection Peĩt noſtre eſprit de quelq̃ impreſſion! l'enten alors que l'Amour ne dedai-
gne Sutillemẽt l'engrauer de ſõ trait: Toujours au cœur noꝰ reuiẽt ce portrait, Et malgré noꝰ touſiours noꝰ acompagne, touſiours noꝰ acompagne, touſiours noꝰ acõpagne noꝰ acompagne.

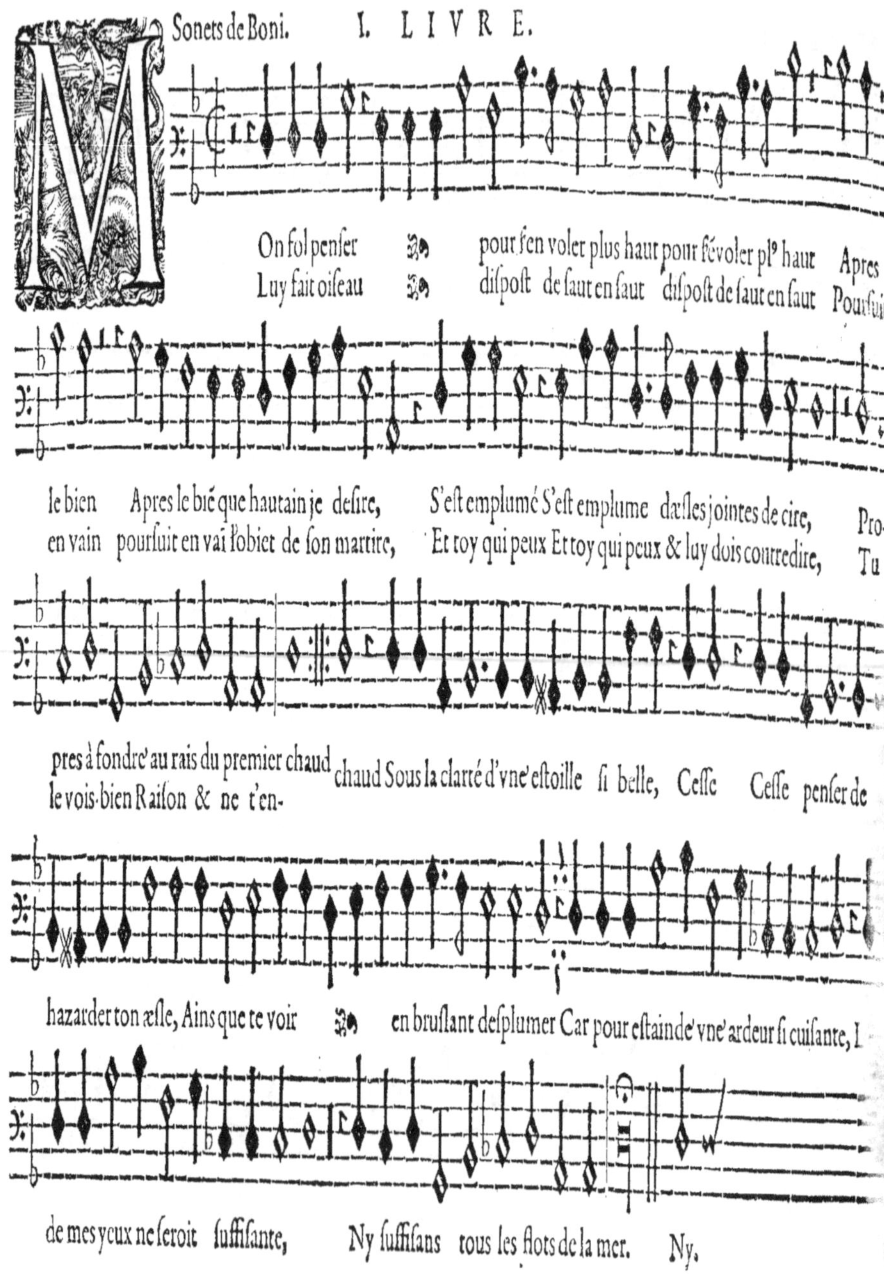
MOn fol penser pour s'en voler plus haut pour s'évoler pl⁹ haut Apres
Luy fait oiseau dispost de saut en saut dispost de saut en saut Poursuit
le bien Apres le bié que hautain je desire, S'est emplumé S'est emplume d'æsles jointes de cire, Pro-
en vain poursuit en vai l'obiet de son martire, Et toy qui peux Et toy qui peux & luy dois contredire, Tu
pres à fondre au rais du premier chaud chaud Sous la clarté d'vne estoille si belle, Cesse Cesse penser de
le vois bien Raison & ne t'en-
hazarder ton æsle, Ains que te voir en bruslant desplumer Car pour estainde vne ardeur si cuisante, L
de mes yeux ne seroit suffisante, Ny suffisans tous les flots de la mer. Ny,

On chef est d'or, son front est vn tableau Où je voy peint le gain de mon domma-
Belle est sa bouche & son soleil jumeau, De neige & feu s'embellist son visa-
ge. Belle est sa main, qui me fait deuant l'age, Changer de teint, de cheueux, & de peau.
ge, Pour qui Iuppin reprendroit le plumage, Ore d'vn Cyne, or le poil d'vn Toreau. Doux est son
ris, qui la Meduse mesme, Endurciroit en quelque roche blesme, Vãgeãt d'vn coup cent mille mille
cruautez, Mais tout ainsi que le Soleil efface Les moĩdres feux: ainsi ma foy surpasse Le
plus parfait de toutes ses beautés Le plus parfait de toutés ses beautés.

Ve dis-tu, Las! Las! passant: Las! passant, je lamente. je lamente
De ma cōpagne absen- te, Plus chere que ma
vi- e, Vn cruel vn cruel oiseleur par glueuse cau-
tel- le par glueuse cautel- le L'a prise, L'a prise & l'a tuée: & nuit &
jour je chan- te & nuit & jonr je chan- te Son trespas

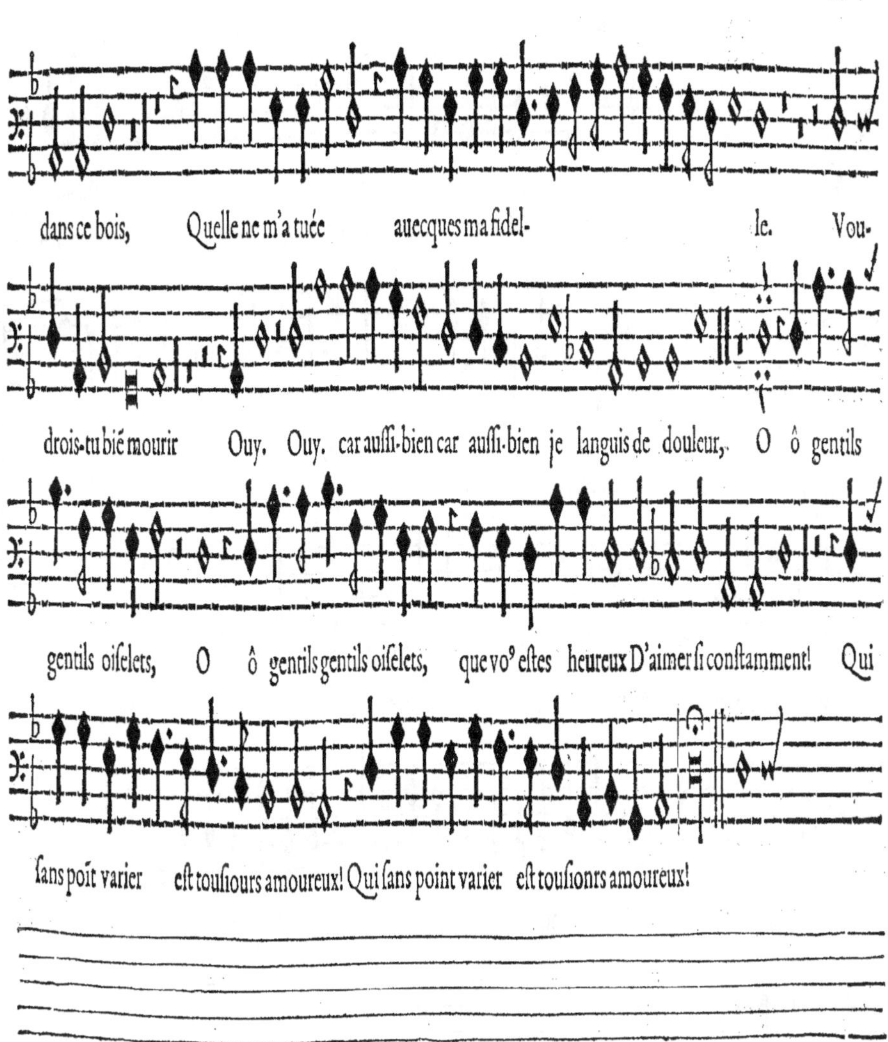
dans ce bois, Quelle ne m'a tuée auecques ma fidel- le. Vou-
drois-tu bié mourir Ouy. Ouy. car aussi-bien car aussi-bien je languis de douleur,. O ô gentils
gentils oiselets, O ô gentils gentils oiselets, que vo⁹ estes heureux D'aimer si constamment! Qui
sans poït varier est tousiours amoureux! Qui sans point varier est tousionrs amoureux!

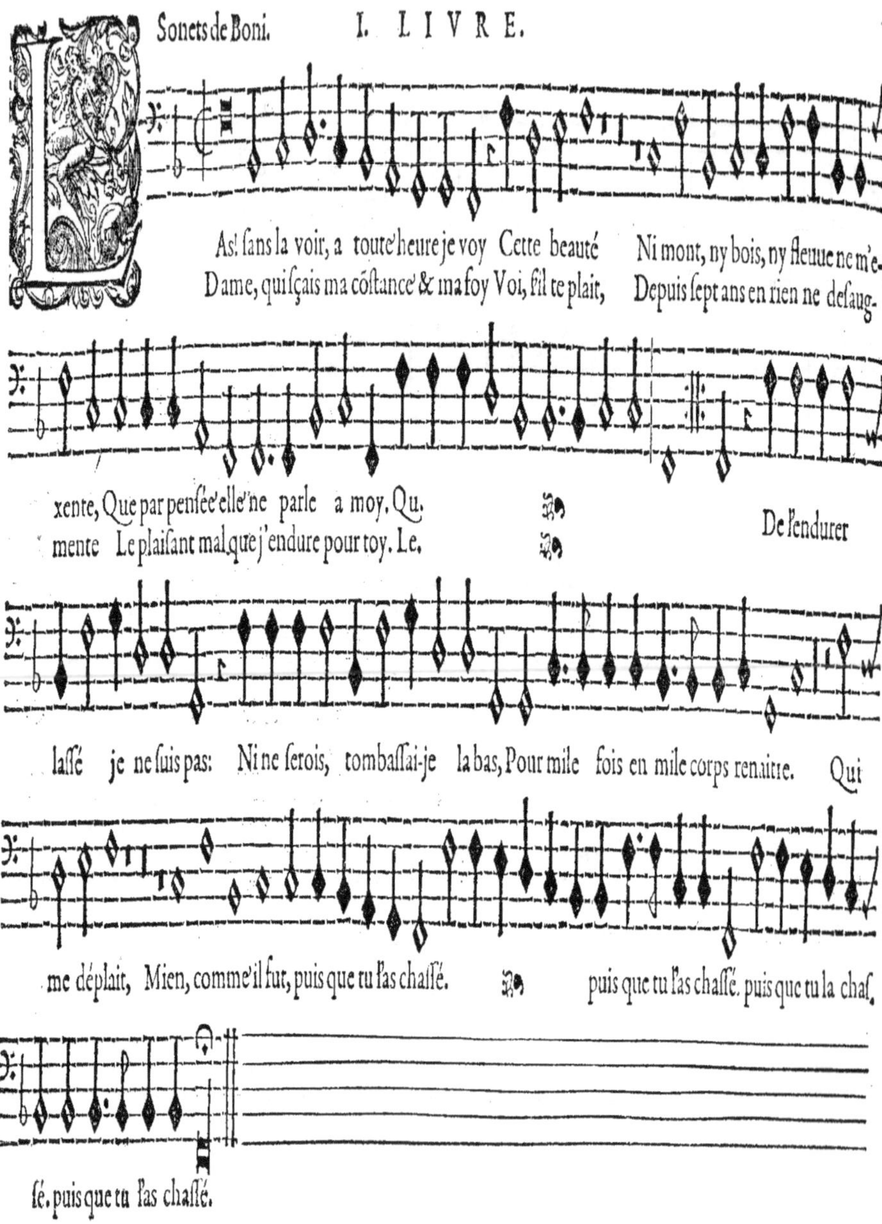
As! sans la voir, a toute'heure je voy Cette beauté Ni mont, ny bois, ny fleuue ne m'e-
Dame, qui sçais ma cõstance' & ma foy Voi, s'il te plait, Depuis sept ans en rien ne desaug-
xente, Que par pensée' elle'ne parle a moy. Qu.
mente Le plaisant mal que j'endure pour toy. Le.
De l'endurer
lassé je ne suis pas: Ni ne serois, tombassai-je la bas, Pour mile fois en mile corps renaitre. Qui
me déplait, Mien, comme'il fut, puis que tu l'as chassé. puis que tu l'as chassé. puis que tu la chas
sé. puis que tu l'as chassé.

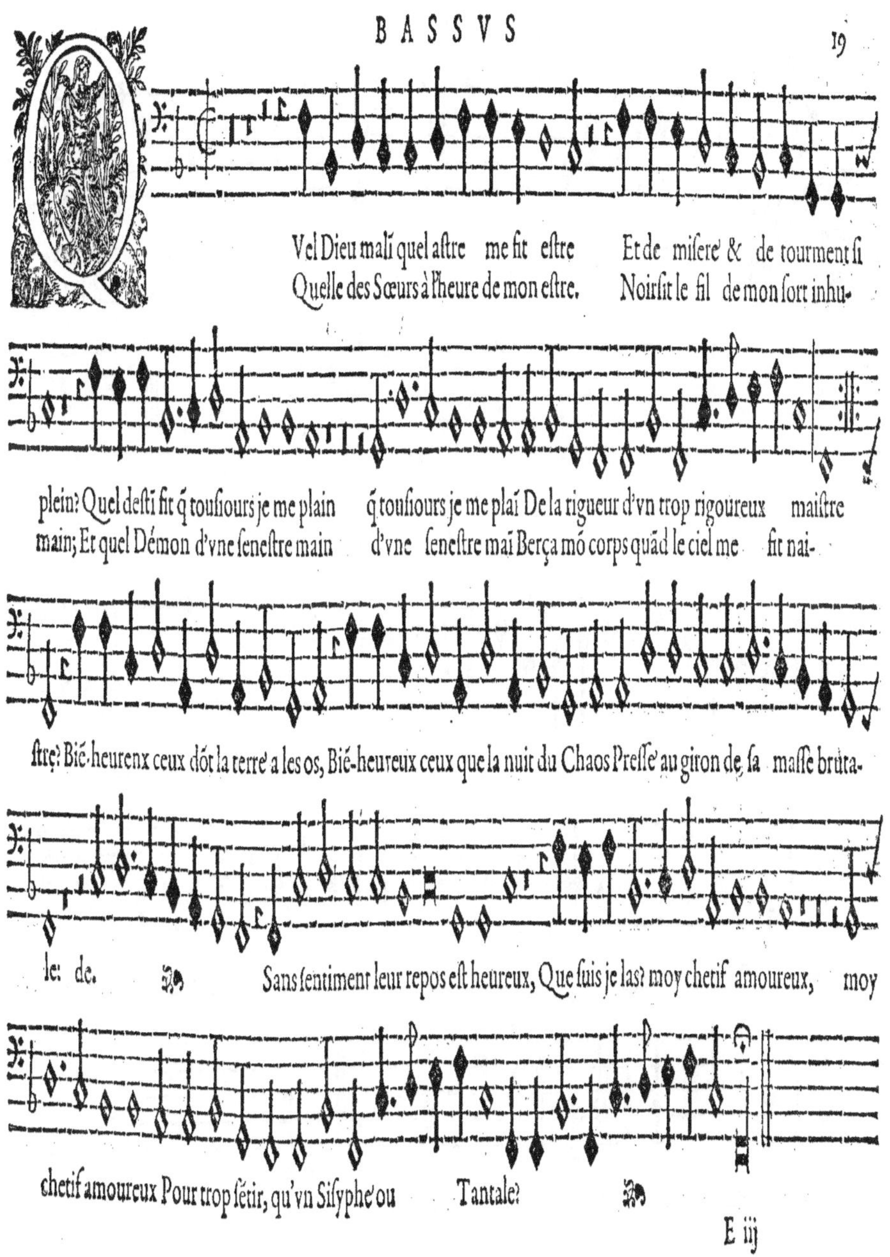
Vel Dieu mal? quel aſtre me fit eſtre Et de miſere & de tourment ſi
Quelle des Sœurs à l'heure de mon eſtre. Noirſit le fil de mon ſort inhu-
plein? Quel deſti fit q̃ touſiours je me plain q̃ touſiours je me plaĩ De la rigueur d'vn trop rigoureux maiſtre
main; Et quel Démon d'vne ſeneſtre main d'vne ſeneſtre maĩ Berça mõ corps quãd le ciel me fit nai-
ſtre? Bië-heurenx ceux dõt la terre a les os, Bië-heureux ceux que la nuit du Chaos Preſſe au giron de ſa maſſe bruta-
le: de. Sans ſentiment leur repos eſt heureux, Que ſuis je las? moy chetif amoureux, moy
chetif amoureux Pour trop ſẽtir, qu'vn Siſyphe ou Tantale?

S
I je treſpaſſe Si je treſpaſſe entre tes bras, Madame, Ie ſuis content, car je ne veux a-
Celuy que Mars en la jeuneſſe enflame, Aille à la guerre Et d'ás & de pou-
uoir Plus grãd hõneur, au monde que me voir En te baiſant, dans ton ſein rendre l'ame. Moy plꝰ cou-
uoir Tout furieux ſe bate à receuoir, En ſa poitrine vne Eſpaignole lame:
hard, je ne requier, ſinon Apres cent ans, ſans gloire & ſans renom Mourir Mourir oiſif, en ton giron, Caſ-
ſandre. Car je me trõpe, ou c'eſt plꝰ de bon heur, Mourir ainſi. que d'auoir tout l'honneur, Pour viure peu, Pour
viure peu, d'vn monarque Alexandre. d'vn monarque Alexandre:

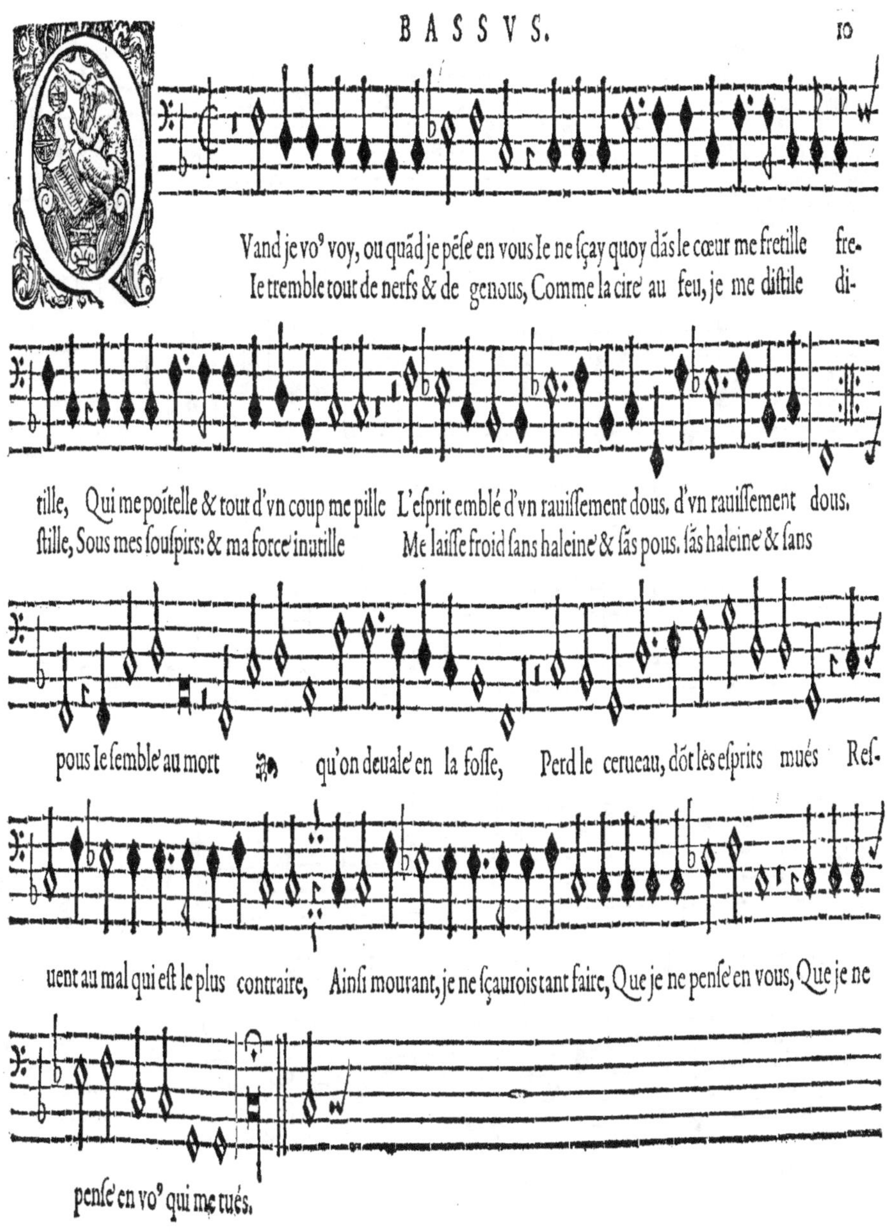
Vand je voꝰ voy, ou quād je pēſe en vous Ie ne ſçay quoy dās le cœur me fretille fre-
Ie tremble tout de nerfs & de genous, Comme la cire au feu, je me diſtile di-
tille, Qui me poitelle & tout d'vn coup me pille L'eſprit emblé d'vn rauiſſement dous. d'vn rauiſſement dous.
ſtille, Sous mes ſouſpirs: & ma force inutille Me laiſſe froid ſans haleine & ſās pous. ſās haleine & ſans
pous Ie ſemble au mort qu'on deuale en la foſſe, Perd le cerueau, dōt les eſprits mués Reſ-
uent au mal qui eſt le plus contraire, Ainſi mourant, je ne ſçaurois tant faire, Que je ne penſe en vous, Que je ne
penſe en voꝰ qui me tués.

E quelle plante', ou de quelle racine, De quel vnguent ou de quelle liqueur Oindroi-je bien
Ny vers charmez, pierre ny medecine, Drogue ny just, ne rõproiét ma lãgueur, Tãt je sẽ moi-
la playe de mon cœur Qui d'os en os incurable chemine Qui d'os en os incurable chemi- ne
dre' & moidre ma vigueur la me trainer en la Barque voisine la me trainer en la Barque voisi- ne
Las, Las, toy q̃ sçais des herbes le pouuoir, Et q̃ la playe' au cœur m'as fait auoir, Guery le mal, Guery le mal, que
ta beauté me liure: De tes beaux yeux allege mon soucy Et par pitié retien encor icy Ce pauure' a-
mant Ce pauure' amãt, qu'Amour soule de viure. qu'A.

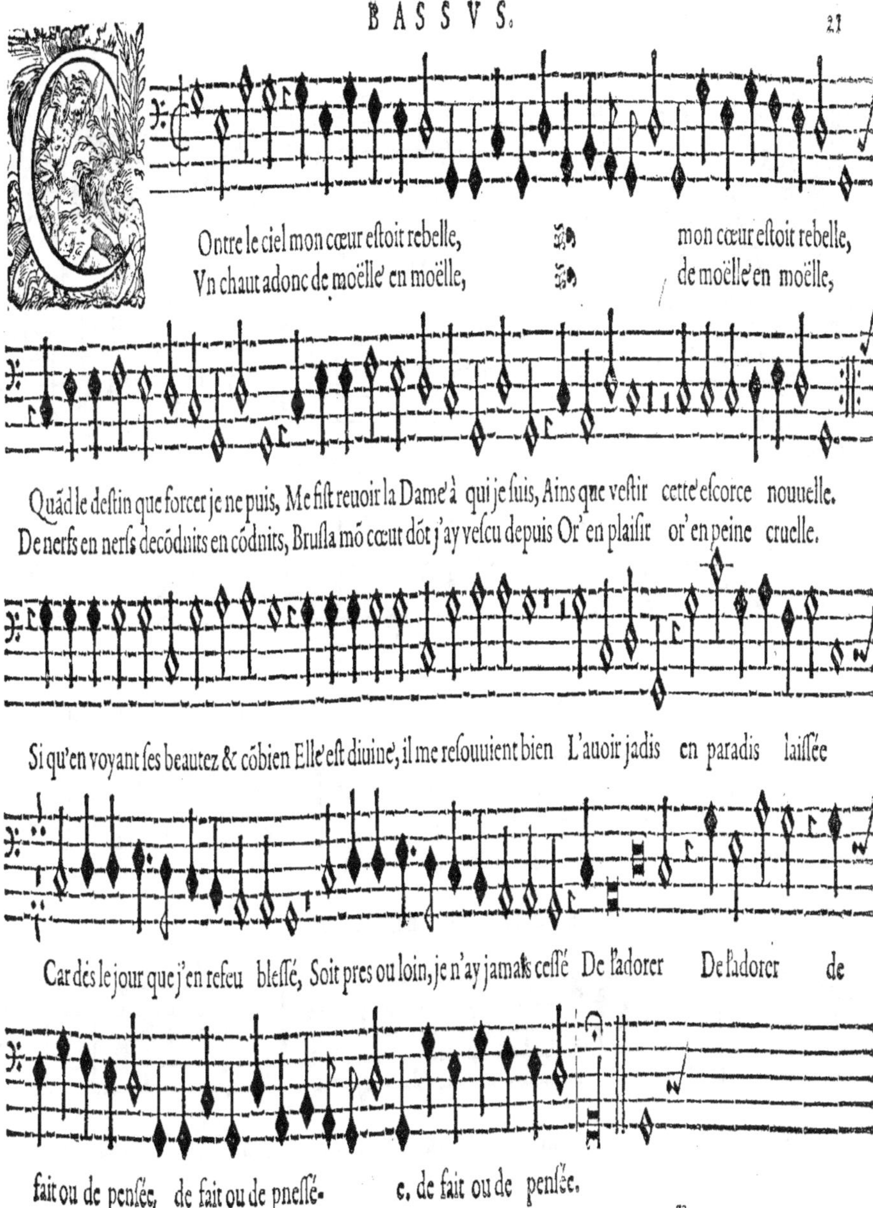
Ontre le ciel mon cœur estoit rebelle, mon cœur estoit rebelle,
Vn chaut adonc de moëlle en moëlle, de moëlle en moëlle,
Quãd le destin que forcer je ne puis, Me fist reuoir la Dame à qui je suis, Ains que vestir cette escorce nouuelle.
De nerfs en nerfs decõdnits en cõdnits, Brusla mõ cœur dõt j'ay vescu depuis Or' en plaisir or' en peine cruelle.
Si qu'en voyant ses beautez & cõbien Elle est diuine, il me resouuient bien L'auoir jadis en paradis laissée
Car dés le jour que j'en receu blessé, Soit pres ou loin, je n'ay jamais cessé De l'adorer De l'adorer de
fait ou de pensée, de fait ou de pnessé-e, de fait ou de pensée.

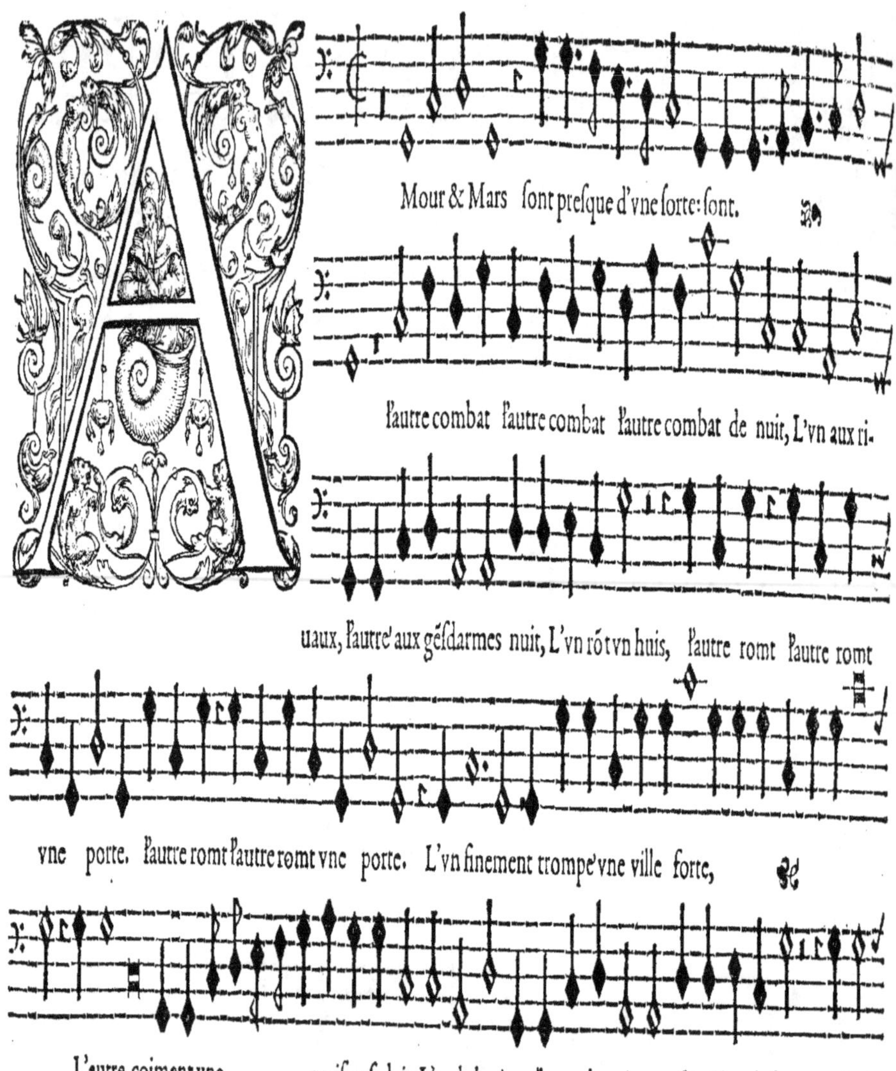
Mour & Mars sont presque d'vne sorte: sont.
l'autre combat l'autre combat l'autre combat de nuit, L'vn aux ri-
uaux, l'autre aux gẽsdarmes nuit, L'vn rõt vn huis, l'autre romt l'autre romt
vne porte. l'autre romt l'autre romt vne porte. L'vn finement trompe vne ville forte,
L'autre coiment vne
maison seduit: L'vn le butin, l'autre le gain poursuit, L'vn deshonneur, l'autre

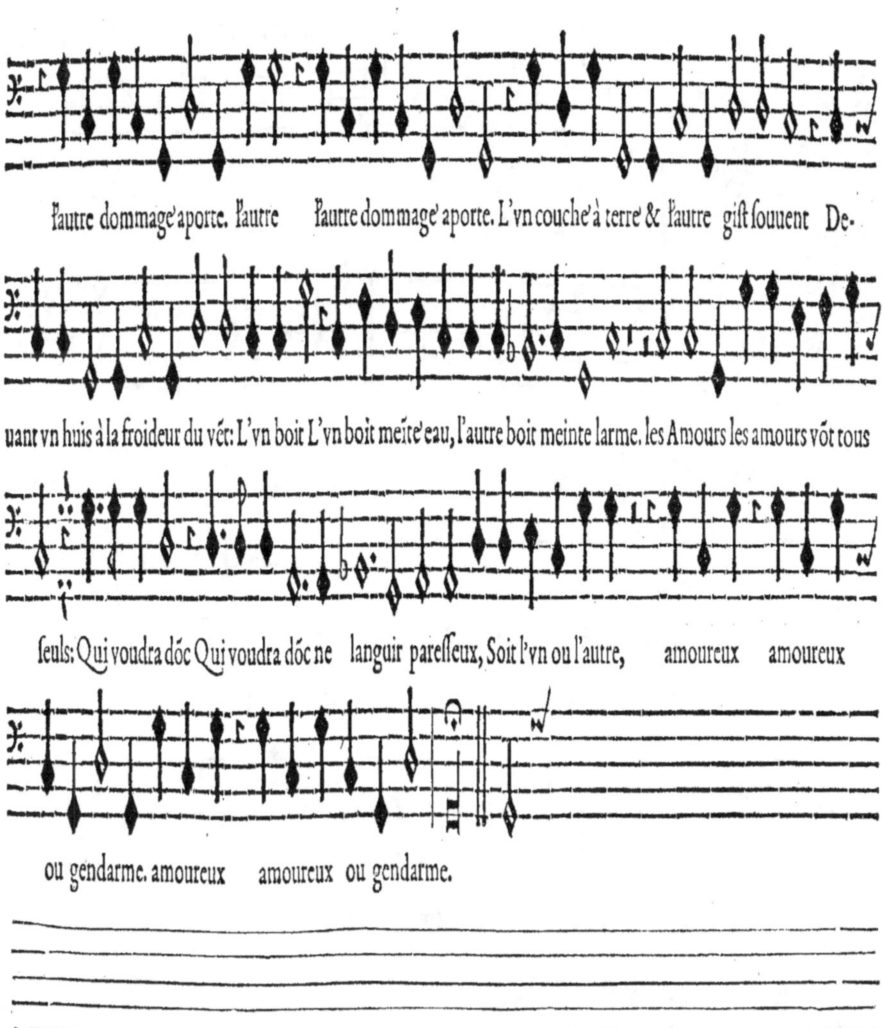
l'autre dommage aporte. l'autre l'autre dommage aporte. L'vn couche à terre & l'autre gist souuent De-
uant vn huis à la froideur du vẽt: L'vn boit L'vn boit meĩte eau, l'autre boit meinte larme. les Amours les amours võt tous
seuls: Qui voudra dõc Qui voudra dõc ne languir paresseux, Soit l'vn ou l'autre, amoureux amoureux
ou gendarme. amoureux amoureux ou gendarme.

ne, Comme'vn Soucy Cõme'vn Soucy aux rayons du Soleil.

lõgs morceaux se paissẽt de leur maistre, Et sans mercy me trainent à la mort me trainant à la mort. à la mort.

C'est grād cas que d'aimer? si je suis vne' année Auecque ma mai-
tresse' à deuiser tousiours, L'an me séble plꝰ court qu'vne courte journé-
e, Si quelqu'vn parle' à moy j'en ay l'ame gennée Ou je ne luy dy
mot ou mes propos sont lours Et tout ainsi que moy, ma langue' est estonnée. Mais quand je suis aupres de celle qui me tient Le cœur dedans ses yeux sās me forcer me viēt Vn propos dessus l'autre, & jamais je ne

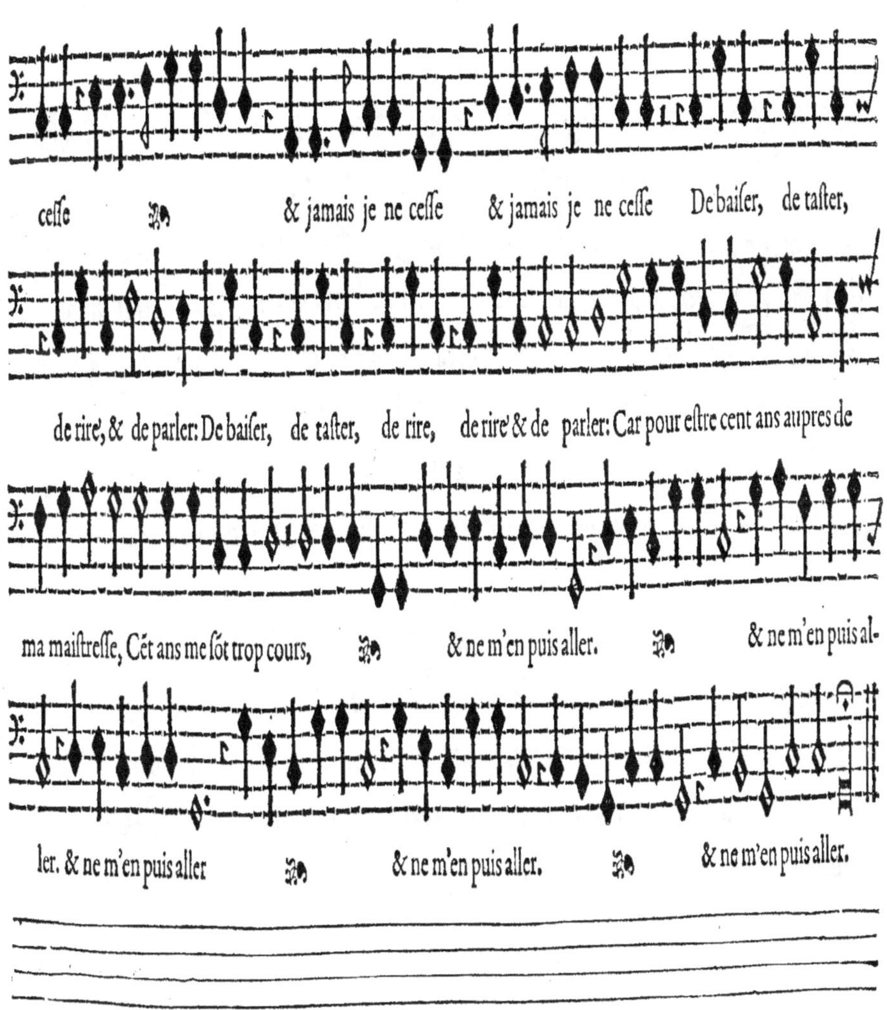
cesse
& jamais je ne cesse
& jamais je ne cesse
De baiser, de taster,
de rire, & de parler: De baiser, de taster, de rire, de rire & de parler: Car pour estre cent ans aupres de
ma maistresse, Cét ans me sót trop cours,
& ne m'en puis aller.
& ne m'en puis al-
ler. & ne m'en puis aller
& ne m'en puis aller.
& ne m'en puis aller.

# Extrait du priuilege du Roy.

PAR priuilege du Roy, donné à Paris, le quinziéme iour de Septembre, l'an mil cinq cens soixante & seise, il est permis à Guillaume Bony, Musicien, de commettre tel Imprimeur qu'il voudra choisir, pour fidellement & correctement imprimer, ou fairé imprimer les liures de musique de son inuention: tant de celle qu'il a puis nagueres reueüe pour en corriger l'impression cy deuant faicte qu'autre non encor par luy mise en lumiere. Inhibant ledit Seigneur à tous Imprimeurs, Libraires, & Marchans: qu'ilz n'ayent à imprimer, ou fairé imprimer, ny exposer en vente lesditz liures de Musique, jusques au terme de dix ans, finis & acomplis, à commencer du jour que lesdis liures serõt acheués d'imprimer, s'ilz ne sont imprimés par la permission dudit Bony, ou de l'Imprimeur par luy choisi, sur peyne de mil escus: perte & cõfiscation desdis liures, ainsi qu'il est plus à plain cõtenu es lettres dudit priuilege la teneur desquelles sa majesté veult, & entend, estre tenue pour suffisamment notiffiée par l'impression qui sera faicte du sommaire dudit priuilege aux commencemens, ou fins, desditz liures: tout ainsi que si la notification en auoit esté particulierement faicte. Signé par le Roy, en son conseil Marteau. & seellé du grand seel, de cire iaune.

Ledit Bony à choysi Adrian le Roy, & Robert Ballard, Imprimeurs du Roy, pour r'imprimer ce premier liure des Sonetz de Ronsard, par luy reueu & corrigé dessus la premiere impression.

www.ingramcontent.com/pod-product-compliance
Lightning Source LLC
LaVergne TN
LVHW010107230826
846091LV00005B/2129

* 9 7 8 2 3 2 9 6 6 0 3 9 4 *